Le pouvoir de la finance personnelle

Transformez votre vie, changez le monde

Le pouvoir de la finance personnelle

Transformez votre vie, changez le monde

Fatahou Ahamadi

© 2024 Fatahou Ahamadi

Édition : BoD – Books on Demand, info@bod.fr
Impression : BoD – Books on Demand, In de Tarpen 42,
Norderstedt (Allemagne)

Impression à la demande

ISBN : 978-2-3225-2391-7
Dépôt légal : juin 2024

A PROPOS DE L'AUTEUR

Fatahou Ahamadi est un entrepreneur passionné, animé par une fascination pour les nouvelles technologies. Son aventure entrepreneuriale a commencé à l'université, où il a découvert le pouvoir transformateur de l'entrepreneuriat et l'impact profond qu'il pouvait avoir sur le monde. Après une période enrichissante en tant que consultant, Fatahou a ressenti un appel irrésistible à prendre son destin en main. Désireux de choisir ses propres clients et de leur offrir des services sur mesure, il a décidé de se lancer seul.

Ce goût pour les nouveaux défis l'a récemment conduit à cofonder Trust4Finance avec deux associés. Ensemble, ils ont créé une startup fin-tech révolutionnaire spécialisée dans les solutions de gestion de trésorerie basées sur l'intelligence artificielle. Trust4Finance incarne l'ambition inébranlable et la passion pour l'innovation de Fatahou.

Tout au long de son parcours, Fatahou a été profondément influencé par les grandes figures du capitalisme moderne. Leurs philosophies et réussites ont été des sources d'inspiration et de motivation inépuisables. En étudiant leurs autobiographies et en intégrant leurs leçons, il a décidé de réaliser son propre rêve : écrire un livre sur deux sujets qui le passionnent – l'entrepreneuriat et l'art d'investir.

Avec ce livre, Fatahou aspire à toucher et inspirer le plus grand nombre de jeunes possible. Son objectif est de les motiver à prendre des initiatives, à croire en leurs rêves et à toujours passer à l'action. En partageant son expérience et ses connaissances, il espère devenir une source d'inspiration et de guidance pour la prochaine génération d'entrepreneurs. Fatahou Ahamadi est plus qu'un entrepreneur ; il est un mentor et un modèle pour tous ceux qui rêvent de transformer leurs aspirations en réalité.

TABLE DE MATIERES

A propos de L'auteur 5

Table de matières 7

Préface 8

Avant propos 11

Chapitre 1 : FONDEMENTS HISTORIQUES ET ACTUELS DE L'ARGENT 16

Chapitre 2 : DÉVELOPPEMENT DU QI FINANCIER – VOTRE QI FINANCIER, VOTRE MEILLEUR ATOUT 52

Chapitre 3 : Chemin vers l'Entrepreneuriat - Je Veux Devenir Entrepreneur 87

Chapitre 4 : La création de richesse à travers l'innovation et l'entrepreneuriat 121

Bonus: SOYEZ INSPIRES PAR CES OUVRAGES QUI ONT CHANGE MA VIE. 133

Bibliographie 151

Remerciements 153

PREFACE

J'ai le grand plaisir et l'honneur de rédiger cette préface pour le livre inspirant de mon cher ami, Fatahou, qui explore avec passion et clairvoyance le monde captivant de l'entrepreneuriat et de l'intelligence financière.

Cet ouvrage précieux nous entraîne dans un voyage intellectuel captivant, dévoilant les principes fondamentaux de l'intelligence financière et son rôle essentiel dans le développement entrepreneurial. En explorant les mécanismes de cette intelligence, nous sommes invités à découvrir de nouvelles opportunités et à prendre des risques calculés pour atteindre nos objectifs financiers et professionnels.

À travers des exemples concrets et des analyses perspicaces, Fatahou nous guide dans le monde complexe des affaires, des investissements et de la recherche du profit. Nous apprenons ainsi les stratégies et les principes essentiels pour prospérer dans cet environnement compétitif et en constante évolution.

De plus, cet ouvrage offre un guide pratique sur la voie de l'entrepreneuriat réussi. En examinant les caractéristiques, les compétences et les habitudes des entrepreneurs performants, il nous donne les clés pour cultiver notre propre chemin vers l'excellence entrepreneuriale.

Enfin, l'auteur explore la création de richesse à travers l'innovation et l'entrepreneuriat, mettant en lumière l'importance cruciale de l'innovation dans la croissance économique et la prospérité individuelle. Nous sommes ainsi inspirés à repousser les frontières de notre imagination et de notre créativité pour façonner un avenir meilleur.

En conclusion, je tiens à exprimer ma profonde gratitude envers Ahmed Abdel-Fateh pour m'avoir accordé l'honneur de rédiger cette préface. Son engagement indéfectible envers l'entrepreneuriat et son désir ardent de partager ses connaissances et son expérience avec le monde sont une source d'inspiration pour nous tous.

Que vous pussiez puiser dans ce livre une inspiration et un guide pour atteindre de nouveaux sommets dans le monde passionnant de l'entrepreneuriat et de la finance !

Aissata Cheick Kanté

AVANT PROPOS

Nous évoluons dans un monde où l'argent dicte notre position sociale au sein de la communauté. Comme il est souvent dit, les riches influent sur les règles, que ce soit dans les nations développées, mais surtout dans les pays en voie de développement et ceux du tiers-monde. L'enseignement traditionnel ne nous prépare pas adéquatement à faire face à cette réalité de plus en plus capitaliste. Nous avons longtemps cru qu'un diplôme assurait une sécurité financière, mais cette croyance n'est plus d'actualité. Elle était peut-être vraie il y a cinquante ans, mais elle ne l'est plus aujourd'hui.

C'est dans ce contexte que j'ai rédigé ce livre, dans le but d'offrir une perspective sur la manière de réussir dans ce nouveau monde. Il s'agit d'un guide destiné à quiconque souhaite initier un changement financier dans sa vie, en fournissant les éléments fondamentaux et les clés nécessaires pour prendre en main sa situation financière. Je me suis inspiré des philosophies de personnes qui ont réussi financièrement en partant de rien, qu'il s'agisse d'entrepreneurs ou d'investisseurs, pour démontrer que même sans diplôme universitaire, il est possible de réussir financièrement.

Nous sommes en 2024, à une époque où l'information est abondante et où nous assistons à une évolution massive de l'intelligence artificielle. Cette évolution nous offre une opportunité unique d'améliorer nos connaissances et d'apprendre rapidement. Aujourd'hui plus que jamais, vous pouvez décider de prendre les rênes de votre vie. Au fil de votre lecture, vous découvrirez les fondements de la finance moderne. Vous comprendrez ce qu'il faut pour devenir un combattant financier complet, prêt à affronter les défis. Vous comprendrez également qu'il est plus risqué de rester inactif que de passer à l'action pour donner un sens à notre vie.

Enfin, à la fin du livre, vous trouverez un résumé et une analyse de plusieurs ouvrages portant sur des disciplines essentielles pour renforcer votre esprit d'entreprise. Je vous souhaite une excellente lecture et j'espère que ce livre répondra à vos questions et vous guidera sur le chemin de la réussite financière.

Ce que le lecteur apprendra

La première partie de cet ouvrage vous invite à explorer les racines de notre système capitaliste depuis l'avènement de l'ère industrielle. Son objectif fondamental est de fournir à mes lecteurs une compréhension approfondie de l'origine de notre système économique, offrant ainsi une assise solide pour une éducation financière éclairée. Vous plongerez dans les méandres des phénomènes économiques qui ont façonné notre système au fil des années, tel que l'inflation, en comprenant ses origines et les répercussions de ces périodes tumultueuses sur notre histoire économique. En outre, vous découvrirez le rôle central des institutions bancaires dans le maintien de l'équilibre financier. Cette partie met en lumière le fait que la gestion des finances relève de la responsabilité individuelle plutôt que gouvernementale. Il est crucial de saisir que si les gouvernements peinent à résoudre leurs propres problèmes financiers, témoignés par des dettes publiques abyssales et d'autres enjeux majeurs tels que le chômage, il est peu probable qu'ils puissent offrir une solution efficace. J'ai conclu cette section en affirmant que l'éducation financière représente notre meilleur atout pour naviguer avec succès dans ce monde en constante évolution.

Le deuxième chapitre offre une exploration exhaustive de l'intelligence financière. Il détaille les cinq composantes essentielles de cette intelligence et leur importance cruciale dans la résolution des problèmes financiers. À la fin de cette section, les lecteurs seront en mesure de discerner les différentes formes d'intelligence et d'apprécier leur pertinence dans leur quotidien. Ils apprendront également comment cultiver ces cinq composantes d'intelligence financière. De plus, ce chapitre propose une analyse approfondie de l'état financier et met en exergue son rôle vital dans la gestion éclairée de nos finances personnelles.

Le troisième chapitre aborde le domaine de l'investissement. Il distingue clairement l'investisseur du spéculateur, dans le but de fournir à mes lecteurs une vision holistique de cette pratique. Ils découvriront que l'investissement, lorsqu'il est basé sur des connaissances approfondies, des informations pertinentes et une analyse précise, n'est pas aussi risqué qu'on pourrait le croire. L'investissement représente une voie prometteuse pour bâtir une assise financière solide, mais il requiert une vision à long terme et une patience infinie. En outre, les lecteurs apprendront qu'il existe plusieurs approches pour se lancer dans l'investissement, chacune est adaptée au profil de l'investisseur.

La quatrième partie constitue l'un des piliers essentiels de ce livre, en abordant le développement d'un esprit entrepreneurial. Elle démontre que l'esprit d'entreprise est indispensable à la réussite dans tous les aspects de nos vies. Les lecteurs y trouveront une exploration détaillée des différents éléments à cultiver tout au long de leur parcours pour développer cet esprit d'entreprise. Des compétences telles que la communication, illustrées par des exemples concrets de son impact sur la réussite en affaires, et le leadership, avec des références inspirantes telles que la récente victoire politique au Sénégal, sont explorées en détail. D'autres compétences cruciales, telles que la discipline, la capacité à vendre et à se vendre, ainsi que la focalisation sur les objectifs, sont également abordées. Tout comme dans le domaine de l'investissement, les lecteurs découvriront les différents types d'entrepreneurs auxquels ils peuvent aspirer à devenir.

La cinquième et dernière partie met en lumière l'importance de l'innovation dans la prospérité des entreprises. Elle explore comment cultiver et stimuler un esprit d'innovation au sein des équipes pour améliorer les processus et les produits. De plus, elle souligne l'importance d'entreprendre des projets à impact social, en mettant en avant que le succès entrepreneurial se mesure non seulement financièrement, mais aussi par l'impact positif sur la société. En tant qu'entrepreneurs, il est essentiel de contribuer à la société qui nous a façonnés. C'est une manière de lui exprimer notre gratitude.

En conclusion, j'ai inclus une sélection de livres inspirants dans le domaine du développement personnel et des finances personnelles. Ces ouvrages ont été une source d'inspiration pour moi et ont contribué au succès de ce livre. Pour chaque ouvrage, j'ai rédigé un résumé afin d'encourager mes chers lecteurs à les découvrir. Bonne lecture à tous !

CHAPITRE 1 : FONDEMENTS HISTORIQUES ET ACTUELS DE L'ARGENT

HISTOIRE DE NOTRE ARGENT ET DES BANQUES

Imaginez-vous à une époque lointaine, très lointaine où vous et moi, nous n'existons pas, où l'argent, tel que nous le connaissons aujourd'hui, prenait des formes bien différentes. Remontons de quelques milliers d'années, à l'ère agraire ou appelé communément société agricole, où chaque individu, chaque famille était spécialisée dans un domaine précis, que ce soit la culture des légumes ou la fabrication de briques, ou tout autre chose. À cette époque, le concept de commerce monétaire n'existait pas encore. Les échanges se faisaient par le troc ou système d'échange direct, un paysan échangeant, par exemple, 10 kg de légumes contre 100 briques. C'est ainsi que fonctionnaient les premières interactions commerciales.

Cependant, à mesure que les échanges commerciaux prenaient de l'ampleur, ce système de troc devenait problématique. Imaginez la difficulté pour un fabricant de briques si le paysan n'avait pas besoin de briques, rendant difficile l'acquisition de légumes. Il était impératif de trouver une solution à ce dilemme. Les rois de l'époque ont alors introduit une innovation : l'utilisation de métaux précieux, tels que l'argent, comme moyen d'échange pour les marchandises. Un gramme d'argent pouvait ainsi valoir 1 kilo d'oranges, marquant ainsi l'avènement de l'utilisation de l'argent comme moyen d'échange.

Cependant, comme vous pouvez l'imaginer, l'argent étant un minerai précieux, plus les commerces s'étendaient, plus il devenait complexe d'échanger des montagnes d'argent contre des biens de grande valeur. Ainsi, on est passé de l'argent à l'or, considéré comme plus précieux, et utilisé dans le commerce d'objets de grande valeur. L'or est devenu à cette époque-là; la monnaie la plus précieuse.

Mais même l'or intégré dans le système monétaire posait des problèmes. L'expansion des commerces et la diminution croissante des minerais tels que l'or et l'argent suscitaient l'inquiétude des rois de l'époque. Pour éviter une pénurie, le système d'échange d'or a évolué vers la création de papier-monnaie, les billets que nous utilisons aujourd'hui. Cependant, à cette époque, chaque billet était adossé à une quantité équivalente d'or, offrant ainsi la possibilité de le convertir en métal précieux à tout moment. C'est là que naissent les banques, permettant d'assurer la fluidité des échanges sans craindre une pénurie d'or ou d'argent.

Pourquoi je vous raconte cela ? Parce que cette histoire jette les bases pour comprendre la suite de ce livre. Aujourd'hui, nous ne sommes plus à l'ère agricole ni à l'ère industrielle, mais à l'ère de l'information et post-information. Si vous souhaitez prospérer dans cette nouvelle ère, il est impératif de maîtriser les règles qui régissent la monnaie actuelle. C'est là que commence votre éducation financière.

En évoquant la banque, vous savez, mon père est banquier. J'ai donc grandi en baignant dans la culture financière depuis mon enfance. Et il y a toujours eu une question qui me taraudait l'esprit. Pourquoi est-ce la banque qui contrôle l'argent que nous utilisons ? À mes yeux, les banquiers détenaient plus de pouvoir que les gouvernements. C'est pourquoi le monde de la politique ne m'a jamais passionné. J'ai plutôt souhaité travailler en tant que banquier.

Même si, à mon âge, je ne comprenais pas totalement le pouvoir détenu par les banques, je savais qu'elles avaient leur mot à dire en matière de finances. À l'âge de 12 ans, le seul rôle que je connaissais des banques était celui de distributeur d'argent. Pour moi, c'était la banque qui distribuait l'argent que nous utilisions. C'était elle qui décidait quand injecter de nouveaux billets sur le marché, bien que, à l'époque, j'ignorais les processus et les conditions nécessaires pour une injection de billets sur le territoire.

Cependant, une question me tourmentait et je n'ai jamais trouvé de réponse jusqu'à présent. Pourquoi tout le monde ne pourrait-il pas créer ses propres billets ? Ne vous inquiétez pas, j'ai fini par obtenir la réponse, car cette question m'obsédait au point que j'ai un jour posé la question à mon père. "Papa, pourquoi ne peut-on pas créer plus de billets pour lutter contre la pauvreté ?" Mon père a tenté de m'expliquer en me donnant la réponse la plus accessible qu'on puisse donner à un enfant de 12 ans.

On ne peut pas imprimer plus de billets, car nous n'avons pas plus de marchandises pour effectuer des échanges. Et il m'a laissé là avec ma curiosité. À l'époque, je n'avais pas totalement compris, mais ce jour-là, j'ai compris que la banque ne se contentait pas de distribuer des billets, qu'elle avait un rôle bien plus crucial, même si je ne savais pas exactement lequel.

En-tout-cas, cela a encore accru ma curiosité déjà bien aiguisée.

LE SYSTÈME FINANCIER AUJOURD'HUI

Qu'est-ce que le gouvernement et les banques ne veulent pas que vous sachiez

? Je tiens à vous informer que ce que je vais partager dans ce livre, vous avez tout à fait le droit de ne pas y croire, les propos que je vais annoncer. Cependant, c'est à mon devoir de vous les faire connaître, car je les ai appris moi aussi. À vous de juger si vous croyez ou non. Mais j'espère que vous remettrez au moins en question et que vous continuerez à faire vos propres recherches pour en apprendre davantage sur les finances du monde actuel.

Je ne vais pas aborder la comptabilité dans ce chapitre, mais des termes comptables apparaîtront, bien que je fasse le maximum pour que vous puissiez les saisir, car ils sont importants pour mieux comprendre la suite de ce livre.

Actif vs Passif

Pour comprendre le système financier actuel, il est essentiel de maîtriser ces notions, car elles vous poursuivront toute votre vie en matière de finances. Je tiens à vous faire savoir que quand on parle d'un élément d'actif, c'est tout ce que vous possédez, matériel ou immatériel, qui met de l'argent dans votre poche. Par exemple, supposons que vous créez une entreprise et qu'elle génère des revenus chaque année. Elle est un élément d'actif. Supposons que vous êtes actionnaire d'une société et qu'elle vous verse chaque année des revenus sous forme de dividendes, vos actions constituent un actif. Ou encore plus simplement, vous avez écrit un livre, et chaque année vous recevez de l'argent grâce aux droits d'auteur dont vous disposez, ce livre constitue un élément d'actif. J'espère que vous comprenez maintenant que lorsque je parle d'actif, je fais référence à tout élément qui vous rapporte de l'argent, que ce soit dans votre poche ou dans votre compte bancaire.

Contrairement à un passif, un élément de passif retire de l'argent de votre poche. Prenons un exemple : si vous possédez une voiture, vous dépensez de l'argent pour l'énergie, pour l'entretien ; la voiture est un élément de passif. Votre maison, par exemple, constitue également un élément de passif. Chaque mois, vous dépensez de l'argent pour l'entretien et payez des taxes. Donc, à partir de maintenant, lorsque je parlerai d'élément de passif ou d'un passif, comprenez qu'il s'agit de tout ce que vous possédez et qui, au lieu de vous faire gagner d'argent, il vous fait perdre.

Notez bien que comprendre la différence entre actif et passif est la première chose essentielle que vous devez saisir pour mieux comprendre le système financier actuel. Car les jeux d'argent actuels sont régis par des règles basées sur l'actif et le passif.

Comprendre le système financier, c'est saisir la façon dont notre société est composée à l'heure où j'écris ces lignes. Avant l'ère industrielle, la société était composée de la classe ouvrière ou classe pauvre et de la classe royale ou classe riche. Depuis l'ère industrielle jusqu'à aujourd'hui, à l'ère de l'information, une nouvelle classe a émergé : la classe moyenne. Ainsi, aujourd'hui, notre société civilisée est composée d'une part des riches, d'autre part de la classe moyenne et des pauvres.

Il est important de noter qu'il existe différents types de riches aujourd'hui. Il y a les riches entrepreneurs et investisseurs, sur lesquels nous nous appuierons davantage ici. Mais il y a également d'autres catégories de personnes riches, comme les génies du sport ou les artistes. Les personnes héritières de fortunes et les spécialistes à revenus très élevés, dépassant par exemple 500 000 € par an.

Généralement, une personne de classe moyenne a souvent des revenus élevés, un travail stable, voire peut-être même une entreprise individuelle. Les gens de la classe moyenne représentent le pourcentage le plus élevé dans notre société. Ce sont le plus souvent des employés occupant des postes élevés dans les plus grandes entreprises de notre génération. Ce sont des spécialistes autoentrepreneurs, gagnant bien leur vie. Cependant, ils ne sont pas riches, car ils leur manquent l'aspect le plus important pour prendre en main leurs finances. Ils ont généralement une vie confortable, mais souvent, ils contractent beaucoup de dettes et passent leur temps à acquérir des passifs au lieu de se constituer de véritables actifs.

Quant aux pauvres, ils dépensent généralement tout ce qu'ils gagnent. Ils ont souvent recours à des dettes de consommation pour subvenir à leurs besoins, ont des revenus moins élevés et sont incapables de s'en sortir face à des problèmes financiers.

Dans ce livre, nous allons nous appuyer sur un aspect tout aussi important que les revenus : l'état d'esprit. L'objectif est de vous faire comprendre la distinction entre la classe riche, la classe moyenne et les pauvres. Trois classes, trois états d'esprit complètement différents.

Voyons quelques différences entre ces trois classes.

Le riche passe son temps à travailler dur pour constituer des éléments d'actifs, comme créer une entreprise ou acquérir des actifs en devenant, par exemple, actionnaire ou en investissant dans l'immobilier. Il veille à ce que l'argent travaille pour lui, comme le disait Robert T. Kiyosaki.

Tandis qu'une personne de classe moyenne passe son temps à acquérir des éléments de passifs tels que des maisons, des bateaux, des voitures de luxe, etc. Et maintenant, la personne pauvre, la majeure partie de son argent va dans ses dépenses. Une personne de classe pauvre ayant un esprit pauvre augmente ses dépenses aussitôt que ses revenus augmentent.

Les banques investissent sur vous.

Lorsque vous épargnez de l'argent à la banque, la banque vous verse un pourcentage chaque année. Mais vous lui donnez aussi le droit de consentir un montant qui vaut 20 fois ce que vous avez épargné. Ainsi, elle peut investir par le biais de vos économies.

Le gouvernement investit également sur vous.

Le gouvernement a créé le système éducatif où vous étudiez actuellement. Une bonne éducation signifie que vous pourrez décrocher un emploi, et qui dit emploi dit forcément impôts. Supposons maintenant qu'au lieu de devenir employé, vous devenez entrepreneur. Être chef d'entreprise signifie avoir plusieurs employés, donc plus d'impôts pour chaque employé. Mais en tant qu'entreprise, vous générez également des bénéfices. Qui dit bénéfices, dit impôts sur les revenus.

Comprendre les lois qui régissent les finances actuelles vous permettra de prendre des décisions financières plus judicieuses pour vos finances personnelles. Comme évoqué précédemment dans la première partie de ce chapitre, explorons davantage l'histoire de notre argent.

Il est crucial de réaliser que l'argent que nous utilisons aujourd'hui n'est plus ce qu'il était autrefois. Il s'est transformé en une devise, que vous utilisiez le FCFA, le dollar ou l'euro. Il est essentiel de ne pas croire à tort que la simple utilisation d'une monnaie locale vous met à l'abri de ces changements. En tant que devise, sa valeur fluctue en fonction de l'économie et de la demande sur le marché.

Il est impératif de comprendre que l'argent en tant que devise doit être utilisé pour la constitution ou l'acquisition de véritables actifs, tels que la création d'entreprises ou l'achat de biens immobiliers. Ces actifs généreront des revenus ou des flux de trésorerie. Si une devise cesse de circuler, elle perd toute valeur. Maintenant, que vous avez cette information, que signifie-t-elle pour vos futures décisions financières ?

Une règle devenue obsolète est celle d'épargner de l'argent sur le long terme. Bien que cela ait peut-être fonctionné il y a 50 ans, ce n'est plus le cas aujourd'hui. Une devise n'est pas destinée à être épargnée, mais à circuler et à acquérir des actifs réels ayant une valeur véritable sur le marché. Le gouvernement et les banques en sont conscients, mais le simple fait que vous épargniez les avantages financièrement, vous laissant être le perdant par rapport aux banques.

Considérez ceci : si vous épargnez 1000 € aujourd'hui et que, après 5 ans, vous recevez 100 € supplémentaires, portant vos économies à 1100 €, le problème survient si, au bout de 5 ans, un produit de première nécessité qui coûtait 100 € passe à 800 €. Vos 1100 € n'auront pas la même valeur qu'aujourd'hui, vous aurez subi une perte. Cela s'explique par le fait que la valeur de la devise sur le marché change dix fois plus vite que la croissance de vos économies dans un compte d'épargne.

Plutôt que d'épargner, envisagez de contracter des dettes auprès des banques pour vous constituer des actifs. Empruntez aujourd'hui et remboursez moins cher demain. Il est notable que les riches ont bien compris cette stratégie, d'où leur propension à s'endetter davantage. Il est crucial de préciser que l'endettement doit être orienté vers la création d'actifs, et non pas vers des passifs ou de l'achat de biens de consommation.

Inflation et Déflation

Vous vous souvenez que j'ai mentionné dans un paragraphe ci-dessus que la banque joue un rôle bien plus crucial que de simplement dispenser des billets dans l'environnement économique. Si vous n'êtes pas un ermite vivant au fond d'une grotte, vous avez sûrement déjà entendu le mot "inflation" au moins une fois dans votre vie. Il est difficile de l'éviter, car ce phénomène économique, aussi complexe qu'il puisse paraître, a un impact significatif sur la vie quotidienne des gens. Essayons donc d'expliquer cela avec des termes plus simples.

L'inflation résulte de la hausse des prix des biens, marchandises, ou services sur le marché. Comme je l'ai bien souligné, cela se ressent concrètement. Imaginons une personne lambda qui avait l'habitude de s'offrir un déjeuner à 2 € ; en période d'inflation, elle se verra désormais débourser 2.5 € pour le même petit déjeuner.

Cependant, ce que vous pourriez ignorer, c'est que la banque joue un rôle très important en agissant comme régulateur, veillant à ce que le taux d'inflation ne grimpe pas subitement en flèche. Mais concrètement, que fait la banque pour influencer cette inflation ?

Lorsqu'il y a plus d'argent que de marchandises sur le marché, l'inflation survient, car il peut y avoir plus de billets que d'offres. Imaginons qu'une banque abaisse ses taux d'intérêt, permettant ainsi à plusieurs personnes d'emprunter de l'argent à la banque à un taux d'intérêt bas. Ce qui se passe, c'est que des personnes lambda vont contracter des prêts à la banque, par exemple, pour acheter une maison ou des biens de consommation. Jusque-là, tout va bien, tant que la banque ne décide pas soudainement d'augmenter ses taux d'intérêt.

Si cela se produit, les gens se retrouvent avec une incapacité à rembourser leurs dettes. Leurs hypothèques sont plus importantes que la valeur de leurs maisons. La banque se voit obligée de saisir ces maisons. Mais lorsque plusieurs maisons sont mises en vente, l'offre immobilière devient plus importante que la demande, ce qui fait baisser les prix.

Le même scénario se produit pour certains commerçants : plusieurs entrepreneurs qui ont lancé des entreprises grâce à des prêts bancaires se retrouvent dans l'incapacité de vendre leurs marchandises. Dans ce cas-là, on parle de déflation.

Le fait que la banque favorise initialement les prêts en diminuant les taux d'intérêt a permis à de nombreuses personnes de lancer leur commerce. Cependant, lorsque soudainement ses taux augmentent, cela entraîne la chute de l'immobilier dans certains cas particuliers, ce qui peut provoquer une baisse des prix des biens, marchandises, et services. Pour éviter cela, les banques surveillent le taux d'inflation annuelle et le taux de déflation annuel, ne les laissant pas dépasser 2 %, afin d'assurer une stabilité financière dans l'économie. Maintenant, vous comprenez un autre rôle crucial des banques : veiller à l'équilibre financier dans l'économie, s'assurant d'injecter de l'argent quand c'est nécessaire et d'ajuster les taux d'intérêt en conséquence.

Laissez-moi vous emmener dans deux chapitres sombres de l'histoire économique, où l'inflation et la déflation ont laissé des cicatrices indélébiles. Imaginez-vous, lecteur, plongé dans une Allemagne post-Première Guerre mondiale, une nation ébranlée par les conséquences d'une hyperinflation dévastatrices.

L'Hyperinflation en Allemagne (1921-1923)

L'Éveil de l'Apocalypse Économique

L'Allemagne, après la Première Guerre mondiale, a été plongée dans une atmosphère de désespoir économique. Les vainqueurs exigeaient des réparations démesurées, créant un fardeau financier insoutenable. Les presses à billets tournaient à plein régime, transformant l'argent en une denrée plus commune que le pain.

Étant en plein cœur de cette tourmente économique. Un citoyen moyen, Hans Müller, se rend à sa boulangerie préférée pour acheter son pain quotidien. Il tient une brouette remplie de marks, mais cela ne suffit plus. Les prix augmentent à une vitesse vertigineuse, et Hans se retrouve constamment à devoir échanger davantage de monnaie pour les biens de première nécessité.

Le quotidien devient un défi. Les épargnes accumulées au fil des années se volatilisent, les salaires perdent leur valeur à un rythme effrayant, et la stabilité financière devient une illusion lointaine. Les étals des marchands changent de prix plusieurs fois par jour, laissant les clients perplexes et angoissés.

Les commerçants, tels que Hans, tente de maintenir une certaine normalité dans un monde en décomposition. Ils doivent ajuster leurs prix constamment, jonglant avec une réalité économique en pleine ébullition. L'argent, qui était autrefois un garant de sécurité, se transforme en un fardeau à mesure que l'inflation dévore les économies.

Les Effets Désastreux sur la Vie Quotidienne

Le cataclysme économique s'infiltre dans chaque aspect de la vie quotidienne. Les travailleurs, réclamant des salaires plus élevés pour compenser la perte de pouvoir d'achat, créent un cercle vicieux qui alimente davantage l'inflation. Les entreprises, incapables de suivre le rythme, ferment leurs portes, laissant des travailleurs sans emploi et des familles sans revenus stables.

Les souvenirs d'une Allemagne prospère s'effacent, remplacés par des scènes de personnes transportant des liasses de billets sans valeur. Les rêves d'avenir s'évaporent, éclipsés par une réalité économique implacable.

Hans Müller, qui avait l'habitude de faire tourner son petit commerce avec fierté, se retrouve à devoir jongler avec des prix en constante fluctuation. Ses économies fondent comme neige au soleil, et l'espoir d'une vie décente s'éloigne.

Le phénomène de l'hyperinflation allemande (1921-1923) a laissé une marque indélébile dans l'histoire économique, rappelant le pouvoir destructeur de l'inflation incontrôlée. Les cicatrices de cette période sombre ont forgé la résilience du peuple allemand et ont laissé une leçon cruciale dans la nécessité de maintenir la stabilité monétaire pour préserver la qualité de vie de tous.

La Crise Économique de 2008 : un Tsunami Financier Les Racines du Chaos Financier

Plongeons-nous dans l'année 2008, une époque où les fondations mêmes du système financier mondial ont été ébranlées. L'histoire nous emmène dans les rues de villes qui ont été le théâtre d'un drame économique sans précédent.

En plein cœur des États-Unis, une nation prospère désormais confrontée à la colossale crise des subprimes. Sarah, une mère de famille typique, se retrouve au cœur de ce tourbillon économique. Elle avait acheté sa maison avec enthousiasme, croyant en la stabilité du marché immobilier. Cependant, les prêts à risque et l'effondrement du marché ont transformé son rêve en cauchemar.

Les banques, englouties par des prêts toxiques, ont fait face à un effondrement imminent. Les rues se sont remplies de pancartes "À Vendre" et "En Faillite". Les entrepreneurs, tels que John, qui avaient investi leurs économies dans des entreprises florissantes, se sont retrouvés avec des portes closes et des rêves brisés.

Le Réveil de la Crise Financière Mondiale

La crise de 2008 a été bien plus qu'une simple chute des marchés immobiliers. C'était un cataclysme financier qui a balayé le globe. Les pertes d'emploi, les saisies immobilières et la détresse financière ont touché des millions de foyers. Les gouvernements ont dû intervenir massivement pour sauver des institutions financières au bord du gouffre.

Sarah, comme tant d'autres, a vu la valeur de sa maison chuter drastiquement, laissant derrière elle un fardeau hypothécaire bien plus lourd que la valeur de sa propriété. Les banques centrales ont dû prendre des mesures extraordinaires pour éviter une dépression économique totale.

Les leçons tirées de cette crise ont été nombreuses. Elle a mis en lumière la nécessité de régulations plus strictes, de pratiques bancaires plus responsables et de la compréhension que les marchés ne sont pas immunisés contre des chocs sismiques financiers.

La crise économique de 2008 a laissé des marques indélébiles sur la conscience collective. Elle a façonné les politiques monétaires et financières des années suivantes, soulignant la nécessité cruciale de prévenir les risques systémiques pour assurer une stabilité économique durable. Les répercussions de cette crise nous rappellent la fragilité inhérente au système financier mondial et la nécessité perpétuelle de vigilance et de réforme.

L'Hyperinflation au Zimbabwe : un Cauchemar Financier Africain Les Racines de l'Effondrement Monétaire

Voyageons maintenant sur le continent africain, dans le Zimbabwe du début des années 2000. Imaginez-vous marchant dans les rues de Harare, la capitale, où une tempête économique se prépare.

En 2008, le Zimbabwe était aux prises avec une hyperinflation d'une ampleur épique. La monnaie locale, le dollar zimbabwéen, perdait sa valeur à une vitesse vertigineuse, transformant la vie quotidienne en une lutte acharnée pour la survie financière.

Imaginons ensemble Grace, une commerçante locale, dans son échoppe. Les prix changent à un rythme effréné, et les étagères sont remplies de marchandises que personne ne peut se permettre d'acheter. Les billets de plusieurs milliards de dollars zimbabwéens sont nécessaires pour des biens aussi simples que du pain.

La Vie au Milieu de la Tourmente Financière

Grace se souvient du chaos économique qui a prévalu. Les commerçants ont dû ajuster les prix toutes les heures, et les clients étaient confrontés à l'incertitude constante quant au coût réel des biens et services. L'argent devenait une farce, une monnaie de singe dont la valeur changeait plus vite que les nuages ne traversaient le ciel.

Le secteur immobilier, autrefois florissant, a été ébranlé. Des propriétaires, comme Joseph, ont vu la valeur de leurs biens chuter de manière spectaculaire. Les maisons, symboles de stabilité, étaient soudainement inabordables, même pour ceux qui avaient économisé toute une vie.

La population, désemparée, s'est tournée vers des méthodes de survie créatives, échangeant des biens et des services directement pour éviter l'inflation galopante. L'économie formelle s'est effondrée, laissant place à une économie informelle où la monnaie avait perdu toute signification.

L'hyperinflation au Zimbabwe est devenue un cauchemar financier qui a dévasté des vies et a mis en lumière la vulnérabilité des économies en développement face aux pressions extérieures. Les cicatrices de cette période difficile persistent, rappelant la nécessité cruciale d'une gestion économique prudente pour éviter de telles catastrophes à l'avenir. L'histoire du Zimbabwe nous enseigne que la stabilité financière est un bien précieux, dont la perte peut avoir des conséquences désastreuses pour l'ensemble d'une nation.

Et pour finir voyons,

La Décennie Perdue au Japon : échos d'une Stagnation Économique.

Portons notre attention vers le Japon, une nation qui a fait face à une période économique difficile dans les années 1990, communément appelée la "Décennie Perdue". Entrez dans les rues animées de Tokyo, où les effets de la bulle économique des années 1980 se font encore ressentir.

Imaginons Yoshiko, une employée de bureau japonaise typique. Au début des années 1990, le Japon a été confronté à une crise financière majeure, marquée par l'éclatement de la bulle immobilière et boursière. Les actifs surévalués ont subi une correction brutale, entraînant un effondrement du marché immobilier et une crise bancaire sans précédent.

Les conséquences étaient sévères. Les entreprises, naguère en pleine expansion, ont été plongées dans une période d'incertitude économique. Les prêts non-performants ont érodé la stabilité des institutions financières, laissant le gouvernement et la Banque du Japon avec un défi monumental à relever.

Les Répercussions Socio-économiques de la Stagnation

La "Décennie Perdue" a été caractérisée par une stagnation économique prolongée. Les salaires ont stagné, le chômage a augmenté et la confiance des consommateurs a atteint des niveaux historiquement bas. Yoshiko, comme des millions de Japonais, a ressenti les effets de cette période difficile.

Les entreprises ont été contraintes de réduire leurs effectifs, ce qui a entraîné une hausse du chômage. Les jeunes diplômés ont eu du mal à trouver un emploi stable, créant une génération de "freeters", des travailleurs temporaires souvent sous-employés.

Le secteur immobilier, autrefois un moteur de croissance économique, a été fortement touché. Les propriétaires ont vu la valeur de leurs biens diminuer considérablement, créant un climat d'incertitude parmi les ménages japonais.

Le gouvernement japonais a dû mettre en œuvre des politiques de relance économique, mais la reprise a été lente. La Banque du Japon a abaissé les taux d'intérêt à des niveaux proches de zéro pour stimuler l'investissement, mais la reprise économique a été entravée par des défis structurels.

La Décennie Perdue au Japon a laissé des cicatrices durables dans la psyché nationale et a influencé les politiques économiques du pays pour les années à venir. Cet épisode a également servi d'avertissement aux autres nations sur les risques de la bulle économique et de la nécessité d'une gestion prudente pour prévenir de telles crises à l'avenir.

Quand on regarde avec attention tous ces faits, on se demande combien de crise doit-on confronter pour apprendre à mieux gérer l'inflation. La réponse ce qu'il y a des causes majeures qu'on ne peut pas contrôler, comme en 2020 avec le Covid-19, la Guerre en Ukraine en 2023 et j'en passe, tous ces éléments incontrôlables, réunis peuvent être la source d'une vague d'inflation à travers le monde. La question maintenant, ce n'est pas de savoir s'il aura une autre crise économique dans le monde entier, mais de se demander quand est ce qu'il y' aura. Il est plus important encore plus aujourd'hui que l'individu moyen soit éduqué financièrement, pour qu'il soit mieux préparé à faire face à des tels désastres.

L'AUTO-DISCIPLINE

Parlons d'un sujet crucial, l'un des aspects essentiels du succès, non seulement dans le domaine financier, mais dans tous les aspects de la vie : la discipline. Elle se définit par un ensemble de règles à suivre pour instaurer une habitude dans votre quotidien, indispensable lorsque vous visez un objectif quel qu'il soit. Je vais partager avec vous ma propre expérience en matière de discipline, comment j'ai transformé quelque chose que je n'appréciais pas en une passion à laquelle je ne peux plus renoncer, intégrant cette nouvelle habitude dans ma routine quotidienne. Vous pourrez tirer une leçon de mon parcours et appliquer cette méthode pour changer n'importe quel aspect de votre vie, y compris sur le plan financier.

Je vais vous dévoiler mon plan pour développer votre autodiscipline. La première étape cruciale pour être discipliné est de définir votre "pourquoi". Vous devez trouver une raison valable et profonde qui vous pousse à instaurer une nouvelle habitude dans votre vie. Cette raison doit émaner du plus profond de vous-même. Ne le faites pas pour impressionner quelqu'un, car le jour où cette personne cesse de vous accorder de l'attention, vous risquez d'abandonner.

Permettez-moi de partager l'habitude que j'ai intégrée dans ma vie, il y a moins d'un an, alors que je n'appréciais pas particulièrement cette activité : la lecture. Vous avez peut-être remarqué ma passion affirmée pour la lecture. Détrompez-vous, cela n'a pas toujours été ainsi. J'ai découvert mon "pourquoi" en voulant devenir semblable à la personne que j'admire le plus. Cette admiration est si profonde que je suis prêt à faire tout ce qu'elle fait simplement pour lui ressembler. Et comme vous pouvez l'imaginer, cette personne lit énormément. Ainsi, en lisant et en continuant à lire, je devenais un peu comme elle. Cette motivation était plus puissante que moi, une raison valable de ne pas abandonner, car cesser de lire signifiait m'éloigner de cette personne.

La deuxième étape consiste à trouver des sujets qui vous passionnent. Inutile de lire un livre sur la philosophie grecque si vous n'y ressentez aucune passion. Lisez ce qui vous passionne, cela vous donnera une motivation supplémentaire pour continuer à lire.

La troisième étape est de ne pas essayer de lire 100 pages par jour, vous vous mentiriez à vous-même. La règle d'or de l'autodiscipline ne se résume pas à une force brute, mais à la continuité. Instaurez cette habitude à votre propre rythme. Plus vous vous habituerez, plus vous pourrez augmenter le rythme. En prenant l'exemple de la lecture, aujourd'hui, je lis entre 30 et 50 pages par jour, mais cela n'a pas été le cas au début. Je suis convaincu que même si je voulais ressembler à mon mentor, si j'avais commencé à lire 30 pages par jour, j'aurais abandonné, malgré la raison profonde. Au début, je commençais par lire seulement 5 pages, puis après un mois, je suis passé de 5 à 10 pages, augmentant progressivement chaque mois.

La quatrième étape est de toujours choisir votre moment pour lire. Inutile de vous forcer à lire lorsque vous êtes avec vos amis. Choisissez toujours un moment tranquille, lorsque vous êtes seul, ou quand vous pouvez vous offrir 10, 20 ou 30 minutes de paix et de sérénité. Par exemple, pour moi, c'est soit au réveil, soit plus tard dans la nuit juste avant de dormir. Il est crucial de choisir un moment parfait pour votre nouvelle routine, du moins au début. Actuellement, pour moi, avec la lecture, je peux le faire à n'importe quel moment, mais au début, je respectais scrupuleusement mon timing parfait.

En résumé, la méthode que j'ai appliquée pour instaurer une habitude se résume en quatre points clé : identifiez l'objectif ultime, soyez passionné par le thème, commencez par des étapes simples et avancez progressivement, et décidez du moment le plus approprié pour cette habitude.

LE MONDE A BESOIN DE GENS RICHES

Le monde n'a jamais autant eu besoin de personnes riches qu'aujourd'hui. Être riche équivaut à disposer de la faculté de gérer l'information financière, ce qui favorise la naissance d'une richesse, qu'elle prenne la forme d'un enrichissement intellectuel, moral, physique ou surtout financier. Heureusement, en tant qu'êtres humains, nous sommes en mesure de cultiver cette aptitude. Et ça bien que notre système éducatif n'est pas conçu pour nous enseigner le développement de cette capacité, qui aurait permis à de nombreuses personnes de réveiller la richesse qui sommeille en elles.

En tant qu'êtres humains, nous possédons tous une part de pauvreté et une part de richesse en nous. C'est la personne que nous choisissons d'éveiller qui prend les commandes et influence chacune de nos décisions. Dans le système éducatif actuel, l'accent est mis sur le développement de notre intelligence intellectuel par le biais d'exercices, mais il est également possible de développer notre intelligence financière afin de savoir traiter l'information financière.

La plupart des grandes crises financières du passé ont rendu plusieurs personnes plus pauvres qu'elles ne l'étaient déjà. Ceux qui s'en sont bien sortis sont ceux qui ont appris à développer cette partie de l'intelligence traitant l'information financière. Le monde a davantage besoin de personnes riches pour une raison unique : les riches sont les piliers de notre système économique. Ils créent de la richesse en établissant des entreprises et en investissant.

Grâce aux activités commerciales générées par la plupart des entrepreneurs riches, notre économie devient de plus en plus solide et stable. De plus, plus il y a de personnes riches, plus il y a de personnes bien éduquées financièrement. Une économie dominée par la pauvreté ne peut engendrer que des conséquences néfastes.

Mais laissez-moi vous dire une chose. Devenir riche ne fait pas de vous forcément une autre personne, avec une autre personnalité. Certes, aux yeux du monde, on peut donner un autre aperçu vis à vis de nous. Devenez riche en étant une meilleure personne et ça, vous pouvez le commencer dès maintenant. Si vous donnez 0.1 % de vos revenus pour aider les plus faibles, à la charité et ça même si vous-mêmes possède des soucis financiers jusqu'au coup. Quand vous deviendrez riche, vous serez une meilleure personne comme vous l'avez été.

LE MONDE A BESOIN DE GENS RICHES.

Lorsque vous observez un homme riche de l'extérieur, vous voyez des maisons imposantes, de belles voitures et des vêtements élégants. Et vous auriez raison, car il est vrai qu'auparavant, peut-être roulait-il dans une modeste berline, et aujourd'hui, vous le voyez au volant d'une Ferrari. Autrefois locataire d'un environnement moins favorisé, il est maintenant propriétaire d'une luxueuse maison que chacun rêverait d'avoir. Il était autrefois limité dans ses déplacements à travers le pays, et aujourd'hui, il voyage à travers le monde à sa guise. Oui, quelque chose a changé.

Cependant, si vous regardez de l'intérieur, une constante demeure : sa personnalité. Si c'était un homme avare lorsqu'il était pauvre ou moyen, cela n'a pas changé maintenant qu'il est devenu riche. Peut-être avait-il autrefois des dettes de quelques centaines d'euros, et aujourd'hui, il peut être endetté de plusieurs centaines de milliers, voire de millions d'euros. D'où l'importance de l'éducation financière.

N'attendez pas d'être fortuné pour apprendre à améliorer votre QI financier. Apprenez à devenir riche en développant votre intelligence financière et en cultivant une meilleure personnalité de vous dès maintenant.

Le monde a besoin que vous devenez riche, car vous le méritez, on le mérite tous. Et vous n'avez pas besoin d'un discours plus motivant pour vouloir en devenir. Est-ce que vous avez peur de prendre de risque ? Laissez-moi vous dire un secret, vous êtes fauchés. Et ça doit être un discours aussi motivant que n'importe quel discours que vous trouverez ailleurs. Pourquoi ?

Quand on est pauvre ou plutôt fauché : j'aime cette expression 'fauché', ça stipule qu'on est dans une situation temporaire et non dans un état d'esprit de pauvre. Quand on est fauché, on n'a rien à perdre et on ne devrait pas avoir peur d'échouer, surtout en tant qu'entrepreneur. Seuls les riches ont quelque chose à perdre financièrement. C'est pourquoi, si vous faites partie de la majorité, ni riche ni futur héritier, la première chose que vous devez faire est d'apprendre comment gagner de l'argent. La manière dont vous gagnerez votre argent déterminera votre avenir financier. Pour rappel, il existe quatre façons de générer des revenus, et les plus avisés savent comment gagner de l'argent de ces quatre manières. Pour plus de détails, vous pouvez lire le livre de Robert T. Kiyosaki intitulé 'Les 4 quadrants du cash-flow.

Vous pouvez gagner de l'argent en trouvant un emploi, en possédant une petite entreprise ou en étant un consultant indépendant, tel qu'un avocat, un médecin, un coach, etc. Ou vous pouvez gagner de l'argent en devenant chef d'entreprise ou investisseur. Comme je l'ai dit, vous pouvez apprendre à gagner de l'argent de ces quatre manières. Mais si vous aspirez à jouir un jour de la liberté et de l'indépendance financière, vous devez choisir de gagner de l'argent en créant une entreprise et en devenant un investisseur. Surtout si aujourd'hui, vous êtes sans le sou, mais que vous envisagez d'être financièrement libre dans le futur, du moins selon ma définition de la liberté financière. Être financièrement autonome, c'est avoir la capacité de vivre confortablement, sans dépendre d'un revenu professionnel, pour le restant de ma vie. Et vous pouvez y parvenir, d'autres l'ont fait, pourquoi pas vous ?

En choisissant de devenir chef d'entreprise ou investisseur, vous optez pour la voie de l'abondance financière. Tout au long de ce livre, vous verrez qu'être un investisseur intelligent comme les riches, c'est être avant tout un homme ou une femme d'affaires qui sait comment gérer une entreprise. En d'autres termes, votre plan commence par un apprentissage continu de la manière de générer de l'argent en tant que chef d'entreprise. Vous devez commencer à apprendre comment construire une entreprise avec des bases solides, comment créer une entreprise que des millions de personnes voudront acheter. À ce moment-là, vous apprendrez d'autres aspects de votre éducation financière, comme comment protéger votre argent, comment investir intelligemment, comment mieux gérer votre argent ? Plus vous apprenez de nouvelles stratégies, plus vous deviendrez encore plus riche.

EST-CE QU'ON DOIT BLÂMER LE GOUVERNEMENT ET LES BANQUES DE NOS PROPRES SOUCIS FINANCIERS ?

On ne peut ni blâmer le gouvernement ni les banques, et voici pourquoi. Certes, les gouvernements et les banques sont responsables de la création d'armes, mais nous-mêmes sommes ceux qui appuient sur la détente et nous nous auto-infligeons des dommages. Lorsque vous prenez de l'argent et le déposez dans un compte épargne, la banque vous verse des dividendes en pourcentage annuel en fonction du montant que vous avez épargné. Cependant, la banque fait bien plus que cela avec votre argent.

Par exemple, si vous déposez 1000 €, la banque peut consentir à posséder 100 000 €, ce qui signifie que vos 1000 € vont potentiellement valoir 100 000 € dans l'économie. La banque emprunte cet argent à un investisseur qui, à son tour, construit des biens immobiliers ou crée des entreprises. En tant que simple mortel, vous pouvez ensuite consommer ces biens ou services. C'est donc en raison de votre recherche d'une augmentation annuelle de 5 % sur vos économies que l'inflation connaît une hausse importante.

À cause de cela, la banque et l'investisseur sortent gagnants, tandis que vous, dans cette histoire, en ressortez perdant. C'est une situation où nous nous tirons nous-mêmes une balle en plein cœur.

Quand il s'agit des finances, chacun de nous est responsable. Changez l'opinion publique sur les riches et les capitalistes émergents, en commençant par votre propre image et en agissant dès maintenant. Est-ce vous voulez toujours devenir un capitaliste ? Poursuivez votre lecture.

ET SI ON APPRENAIT COMMENT ON FAIT DE L'ARGENT À L'ÉCOLE

Je me suis toujours posé cette question : comment le monde serait-il si l'école enseignait aux élèves comment gagner de l'argent ? Et si, au lieu des enseignements classiques, les gouvernements transformaient le système éducatif en engageant des entrepreneurs et des investisseurs de haut niveau pour dispenser un enseignement sur l'art de faire de l'argent ?

J'ai décroché un diplôme en génie informatique, avec l'ambition de devenir un ingénieur estimé et reconnu, progressant dans la hiérarchie sociale, comme beaucoup de gens en rêvent. Cependant, après avoir travaillé dans une entreprise de recherche scientifique, quelque chose s'est produit en moi. J'ai réalisé que je valais mieux que cela et qu'il se passait des choses bien plus grandioses en dehors de ma petite bulle.

La première chose que j'ai remarquée est le temps qu'il m'a fallu pour réaliser que nous évoluions dans un jeu dont seuls les riches comprennent les règles. Sur le coup, j'ai regretté de ne pas l'avoir compris avant de commencer mes études universitaires. Je ne dis pas que cela aurait changé quelque chose, mais j'aurais certainement gagné 6 ans d'avance. Cependant, cela a été plus un mal pour un bien. J'ai décidé de prendre un chemin différent et je veux vraiment emmener avec moi un groupe de personnes. C'est pourquoi j'ai décidé de partager mon expérience personnelle tout au long de mon parcours vers la richesse. Je sais que c'est un chemin long, mais comme le dit un sage, "dans l'aventure, le voyage est plus important que la destination". Je ne sais pas où cela va me mener, mais j'ai la conviction ultime que ce ne peut être que du plaisir. Et je souhaite vraiment que le lecteur décide également de faire ce chemin avec moi. Le succès massif est la seule façon de se situer au-dessus du système. N'oubliez jamais cela.

Ce qui m'a profondément attristé, c'est de constater que, dans le milieu éducatif actuel, que l'on soit enseignant, doyen ou autre, et que l'on suive le chemin tracé par la majorité, on ne parvient malheureusement pas à s'enrichir. Alors, je me suis dit que je n'avais pas besoin de plus pour comprendre que le chemin du commun des mortels ne mène à rien.

La troisième chose que j'ai remarquée, une vérité incontestable, c'est qu'à l'école, on nous forme pour devenir des experts dans des domaines spécialisés. Mais personne ne nous apprend à vendre, à nous vendre et à trouver nos propres clients. À la fin des études, nous nous retrouvons avec une multitude de connaissances qui bien que valables sur le marché, ne parviennent pas à être connues des personnes cible. C'est pourquoi la plupart des personnes abandonnent avant même de commencer à entreprendre, simplement parce qu'elles ne parviennent pas à trouver leurs propres clients. Sans clients, pas de chiffre d'affaires, et sans chiffre d'affaires, on ne va pas loin. Nous explorerons cela plus en détail dans les chapitres suivants.

Dans le contexte actuel, il est indispensable pour tout aspirant-entrepreneur d'acquérir des compétences variées, allant du marketing et de la vente à la gestion d'équipe, la gestion, le droit, le leadership et la communication. Malheureusement, nos écoles actuelles n'offrent pas cette possibilité. Alors, si quelque chose doit changer, ma réponse est oui, et j'espère que vous partagez le même avis que moi. Cependant, n'attendez pas d'acquérir toutes ces compétences avant de commencer à entreprendre. Passez à l'action et apprenez en cours de route.

CHAPITRE 2 : DÉVELOPPEMENT DU QI FINANCIER – VOTRE QI FINANCIER, VOTRE MEILLEUR ATOUT

Le quotient intellectuel financier (QI Financier) mesure l'habileté d'un individu à gérer ses finances. Comme pour d'autres formes d'intelligence, telles que la logique ou l'art, il existe plusieurs facettes à considérer. Par exemple, la capacité à résoudre des problèmes mathématiques complexes met en lumière l'intelligence logique, tandis que les talents artistiques, tels que ceux des musiciens ou des peintres, reflètent l'intelligence artistique. Cependant, il est important de noter que l'excellence dans un domaine ne garantit pas une compétence équivalente dans tous les aspects de la vie. Ainsi, être performant académiquement ne présume pas nécessairement d'une intelligence globale. Mais alors, qu'est-ce que l'intelligence financière ?

L'intelligence financière se définit comme la capacité à résoudre des problèmes financiers complexes. Son développement permet de mieux gérer ses affaires monétaires. Il est clair que les riches et les pauvres n'ont pas les mêmes préoccupations financières. Cette disparité explique en partie la perpétuation de la richesse d'un côté, et la dégradation de la situation financière des classes moyennes et pauvres de l'autre. Il est courant de penser que plus d'argent résout les problèmes financiers. Cependant, l'expérience montre que ce n'est pas toujours le cas. Le manque d'éducation financière peut conduire même les plus fortunés à des difficultés financières. Vous avez sûrement entendu parler de ceux qui ont gagné des millions à la loterie pour se retrouver dans le besoin quelques années plus tard. Ainsi, accumuler de la richesse ne suffit pas à garantir une sécurité financière à long terme. La manière dont on acquiert et gère l'argent est cruciale. Votre attitude envers l'argent, votre aptitude à budgétiser efficacement et votre volonté de faire fructifier vos ressources sont des éléments déterminants.

Les personnes en difficulté financière ont souvent recours à l'endettement pour résoudre leurs problèmes. Cependant, toutes les dettes ne se valent pas, comme nous le verrons plus loin. Les riches, quant à eux, augmentent leur richesse en investissant intelligemment. Cultiver cet état d'esprit peut vous mener vers la prospérité, même si vous traversez actuellement des difficultés financières. Les individus aisés créent des entreprises, investissent dans des opportunités profitables et recherchent constamment de nouveaux moyens de faire fructifier leur argent. En effet, ils sont confrontés aux mêmes questions tout au long de leur vie : comment protéger et faire croître leur patrimoine ? Une réponse appropriée à ces questions contribue à leur enrichissement continu.

En résumé, l'intelligence financière consiste à savoir comment augmenter ses revenus, à choisir les bons investissements et à comprendre les lois fiscales pour protéger ses gains. C'est aussi la capacité à gérer efficacement son argent et à le faire fructifier. Pour approfondir ces concepts, je recommande la lecture ou l'écoute du livre "L'Homme le plus riche de Babylone", un ouvrage qui a marqué mon parcours de façon significative. En suivant un plan solide, l'homme dont il est question dans ce livre a pu sortir de l'endettement pour devenir prospère.

Son plan reposait sur plusieurs principes clé. Tout d'abord, il économisait 10 % de ses revenus et vivait avec les 90 % restants. Ensuite, il consacrait 5 % de ses revenus au remboursement de ses dettes chaque mois. Une fois ses dettes réglées, il continuait à épargner et à investir intelligemment ses économies.

De nos jours, beaucoup affirment ne pas pouvoir économiser 10 % de leurs revenus, se plaignant de ne pas pouvoir couvrir leurs besoins mensuels. Malheureusement, cette situation est courante. Plus les revenus augmentent, plus les dépenses ont tendance à croître. Il est alors crucial de vivre en dessous de ses moyens et de laisser ses actifs définir son niveau de vie. Si vous pouvez vous permettre un loyer de 2000 euros, optez pour un logement à 1000 euros et investissez la différence. Contrôlez vos dépenses et votre gestion financière. Ne laissez pas l'argent dicter votre vie.

Tant que vous ne prendrez pas en main votre situation financière, vous rencontrerez des difficultés. Vous devez être le leader de votre destinée financière. Prenez en charge vos finances et assurez-vous de prendre des décisions éclairées en matière d'argent.

Quand on est pauvre ou que l'on appartient à la classe moyenne, on a tendance à penser que les riches sont des avares stupides, toujours obnubilés par l'argent. Cette perception, différenciée de l'argent, explique en partie pourquoi les riches s'enrichissent davantage tandis que les pauvres et la classe moyenne s'appauvrissent encore plus. Alors, peut-on vraiment affirmer que les pauvres ne sont pas obsédés par l'argent ? Permettez-moi de vous dire que parmi ceux qui poursuivent avidement l'argent et les gains faciles se trouvent souvent les personnes pauvres. En revanche, les riches ne courent pas après l'argent ; ils investissent dans des actifs, ce qui fait que l'argent vient à eux. C'est un peu comme dans le jeu de la séduction : plus vous courtisez une personne, plus elle a tendance à fuir. À l'inverse, si vous la laissez-vous poursuivre, vous avez bien plus de chances de réussir. De la même manière, les riches créent et acquièrent des actifs dans le but de générer des flux de trésorerie ou de bénéfices. Ils s'efforcent de faire en sorte que leur argent travaille pour eux, créant ainsi un environnement financier favorable.

Tout comme dans les relations humaines, chaque individu souhaite se sentir en sécurité. Vos finances aussi désirent être gérées par quelqu'un qui les comprend. C'est pourquoi, si vous n'avez pas les compétences nécessaires pour gérer efficacement votre argent, il finira par atterrir dans les mains de quelqu'un qui sait comment le faire fructifier.

Il va sans dire que votre argent sera bien plus en sécurité entre les mains d'une personne aisée que dans les vôtres, si vous choisissez de rester dans la pauvreté. C'est une question de survie financière. Par conséquent, vous devez vous efforcer de devenir la personne idéale avec qui l'argent a envie d'être. Pour mériter la richesse, il est crucial d'apprendre à développer son intelligence financière, qui consiste à résoudre efficacement les problèmes liés à l'argent. Il est inutile de fuir vos problèmes financiers ; au contraire, apprenez à les affronter et c'est ainsi que vous développerez votre QI financier.

La première équation à résoudre est celle de la génération de revenus. Chaque matin, dès que vous vous levez, posez-vous la question suivante : « Comment puis-je gagner encore plus d'argent ? Quelles sont les différentes possibilités qui s'offrent à moi pour accroître mes revenus ? » Même si vous n'avez pas immédiatement de réponse, le simple fait de vous poser cette question de manière persistante finira par stimuler votre réflexion.

Vous enverrez un signal clair à l'univers et à votre subconscient. Souvent, lorsque l'on pose une question de manière répétée, des réponses nous parviennent sous forme d'inspiration. À ce moment-là, munissez-vous d'un papier, d'un bloc-notes, d'un téléphone ou d'un ordinateur portable et notez toutes les idées qui vous viennent à l'esprit, sans jugement, jusqu'à ce que vous remplissiez plusieurs pages. Faites confiance à votre intuition, car c'est un moment que vous attendiez depuis longtemps. Une fois que vous avez consigné toutes vos idées, prenez le temps de les examiner et d'établir un plan détaillé. Ensuite, passez à l'action.

Il est important de trouver un endroit calme, sans distraction, pour réfléchir. Accordez-vous 10 à 30 minutes de silence absolu chaque jour et posez-vous des questions, réfléchissez, concentrez-vous. Notez tout ce qui vous vient à l'esprit. Si vous faites cet exercice chaque jour pendant 30 jours sans relâche, quelque chose se produira en vous. Votre état d'esprit changera et votre perception du monde sera différente. Mais surtout, vous obtiendrez des réponses à des questions qui préoccupent tout un chacun. Vous cesserez de voir les problèmes comme des obstacles et commencerez à les considérer comme des opportunités.

La deuxième étape consiste à reconnaître que vous avez un problème dans la gestion de votre budget. La plupart des gens n'aiment pas admettre qu'ils rencontrent des difficultés financières, que ce soit par manque d'éducation ou par fierté. Pour soigner un patient, il est nécessaire qu'il prenne conscience de sa maladie. Cette affirmation est également valable dans le domaine de la finance. La meilleure façon d'identifier vos problèmes liés à la gestion de vos dépenses est de tout consigner par écrit. Au départ, ne vous posez pas trop de questions : procurez-vous un bloc-notes et gardez-le dans votre poche.

À chaque fois que vous effectuez un achat, quelle que soit l'heure ou le montant, notez-le dans votre bloc-notes. Essayez d'indiquer la date ainsi que la liste de toutes vos transactions financières de la journée, en fournissant des détails sur la raison de chaque dépense. Pratiquez cet exercice pendant un mois, voire deux, puis revenez consulter votre cahier. Je peux vous assurer que vous serez surpris des dépenses inutiles que vous avez effectuées. Grâce à cette petite habitude, vous pouvez déjà commencer à éliminer certaines dépenses superflues. De plus, le simple fait d'avoir à sortir votre cahier pour noter une dépense vous fera réfléchir à deux fois avant de faire un achat. C'est un exercice mental, mais c'est un excellent moyen de diagnostiquer vos problèmes de gestion des dépenses. À ce stade, vous pouvez élaborer un plan pour mieux gérer vos finances.

La troisième chose, qui est également l'un des aspects les plus cruciaux de l'intelligence financière, réside dans la capacité à protéger son argent. Effectivement, tout le monde convoite vos finances, et si vous n'êtes pas vigilant, ils peuvent légalement s'en emparer, et vous ne pourrez-vous en prendre qu'à vous-même. Le gouvernement, votre entourage, tous attendent leur part.

Ainsi, comprendre les lois fiscales régissant les revenus est essentiel pour sécuriser vos gains. Je ne suggère pas de transgresser la loi, mais plutôt de la maîtriser afin d'identifier les failles et de les exploiter. La lecture du livre de Robert T. Kiyosaki, "Les Quadrants du Cash-flow", vous éclairera sur ce sujet. L'importance de la façon dont vous percevez vos revenus réside dans le fait que chaque type de revenu est taxé différemment. Par exemple, le revenu le plus lourdement taxé est le salaire, également appelé revenu ordinaire.

Dans la plupart des pays, le taux d'imposition sur les salaires varie entre 30 et 40 %. Imaginez, 30 % de vos revenus vont aux impôts, avant même que vous ne touchiez votre salaire. C'est là que réside la différence entre l'imposition des salaires et celle des gains en capital pour les entreprises. Pour un entrepreneur, il perçoit d'abord ses gains, gère sa comptabilité et paie ses impôts, tandis que pour un salarié, le gouvernement récupère sa part en amont. Si vous choisissez de générer des revenus en tant que chef d'entreprise, vous paierez environ 20 % d'impôts, voire moins si vous investissez et que vous percevez des revenus en tant qu'investisseur, avec un taux d'imposition compris entre 0 et 10 %. C'est pourquoi les personnes fortunées optent pour les revenus générés par les entreprises ou les revenus de portefeuille en tant qu'investisseur.

Ensuite, il est crucial de faire fructifier votre argent. L'optimisation de vos dépenses et la minimisation de vos impôts, voire leur annulation, visent uniquement à constituer un capital en vue de l'investir. Apprenez à investir comme le font les personnes les plus riches. Beaucoup pensent que l'investissement comporte plus de risques et préfèrent laisser leurs économies dormir sur un compte épargne, confiant la gestion à la banque. Le seul risque réside dans le manque d'éducation financière et de compétences en matière d'investissement, conduisant à des investissements aveugles.

Les journaux du monde entier relatent souvent des pertes importantes de certains investisseurs ou de familles fortunées devenues pauvres après des crises économiques telles que celle de 2008. Cependant, ce qu'ils ne disent pas, c'est que des millions de personnes ont fait fortune grâce à leurs investissements et continuent à en faire aujourd'hui. Un bon investisseur gagne de l'argent, que l'économie soit en crise ou en plein essor. Pour devenir un bon investisseur, il faut commencer quelque part, en apprenant à investir comme le font les personnes riches, en développant tout au long de sa vie ses compétences et ses connaissances en matière de placement. Un monde nouveau s'ouvrira alors à vous.

Cela nous amène au dernier point : continuez à enrichir vos connaissances financières. Nous vivons à l'ère de l'information, où l'abondance de données est à la fois une bénédiction et un fléau. Il est essentiel d'apprendre à analyser les informations financières afin de les transformer en savoir. Beaucoup de ceux qui perdent leur épargne en bourse pensent posséder des connaissances financières, alors qu'ils ont souvent seulement des données. C'est leur manque d'éducation financière et leurs compétences insuffisantes pour traiter ces informations qui les mènent souvent à l'échec.

Vous découvrirez plus loin que ces mêmes personnes qui se considèrent comme des investisseurs ne connaissent pas grand-chose au monde des affaires. Ils investissent souvent dans des actions de sociétés cotées en bourse parce que tout le monde le fait, ou parce qu'il s'agit de grandes entreprises comme Apple ou Google. Permettez-moi de vous dire une chose : si vous pouvez perdre de l'argent en investissant dans une valeur sûre comme l'or, vous pouvez en perdre dans n'importe quel actif.

Dans les prochaines pages, vous apprendrez que l'investissement est avant tout personnel et dépend du profil de chacun. Investir dans des sociétés cotées en bourse, des matières premières ou d'autres actifs n'est pas la seule façon d'investir. En résumé, la capacité à traiter les informations financières complexes et à améliorer ses connaissances chaque jour seront les clés du succès en tant qu'investisseur.

Comment devenir prospère ?

Si l'on remontait 2000 ans en arrière et que l'on me posait cette question, je répondrais qu'il suffisait de trouver une mine d'or chez soi et de maîtriser son exploitation. Ou bien, il y a 1000 ans, je dirais qu'il fallait naître au bon moment, dans la bonne famille, et être une personne de valeur pour espérer accumuler des richesses.

Mais aujourd'hui, les règles du jeu financier ont évolué. Peu importe vos origines, peu importe votre situation actuelle, vos connaissances en matière d'argent peuvent être un levier vers la prospérité. Des figures telles que Steve Jobs ou Jeff Bezos l'ont prouvé en amassant des fortunes grâce à des idées révolutionnaires, tout comme Ronaldo, dont le talent artistique lui a permis de sortir de la pauvreté. Je pourrais vous citer de nombreux exemples de personnes parties de rien pour devenir les plus influentes et riches de notre planète.

Aujourd'hui, où que vous soyez, vous pouvez vous aussi participer au jeu de l'argent, à l'instar de la plupart des personnes aisées.

Je comprends que tout le monde ne peut pas devenir une star du football, de la musique ou du cinéma. Mais il existe dans ce monde des problèmes criants auxquels vous pourriez apporter des solutions. Elon Musk est devenu prospère en se préoccupant, et continue de le faire, de l'avenir de l'humanité, en fabriquant par exemple des voitures électriques pour réduire les émissions de CO_2 ou des fusées réutilisables pour l'industrie spatiale. De même, Robert Kiyosaki est devenu milliardaire en cherchant à résoudre le problème du logement accessible au grand public et en enseignant l'éducation financière.

Les opportunités d'enrichissement sont multiples pour ceux qui cherchent sincèrement à aider les autres. De nos jours, de nombreux jeunes entrepreneurs ont compris ce principe et créent des entreprises dans le but d'apporter une réelle valeur ajoutée à la communauté.

Il est important de comprendre que si vous créez une entreprise uniquement pour l'appât du gain, vous risquez de perdre plus que vous ne gagnez. En revanche, si vous la fondez dans le but de résoudre un problème réel, non seulement, vous pourriez devenir riche, mais vous ressentirez également la satisfaction d'avoir contribué à quelque chose d'essentiel, à un dessein dans la vie. N'est-ce pas là la véritable essence de l'entrepreneuriat ?

Parmi les entreprises qui ont émergé récemment et que j'admire tout particulièrement, il y a "Comores en ligne", fondée par une amie. Pour moi, cette entreprise incarne l'espoir d'une vision moderne répondant à une problématique bien réelle. C'est le fruit du travail de jeunes ambitieux et entrepreneurs, une solution innovante conçue pour permettre à la diaspora comorienne d'apporter une aide concrète à leurs proches restés aux Comores, un pays encore peu numérisé. C'est un concept révolutionnaire et novateur. Si vous recherchez une entreprise modèle pour vous inspirer, je vous recommande vivement de découvrir l'histoire de l'entreprise "Comores en ligne".

Autrefois, pour créer une entreprise, il fallait disposer d'un local, d'un stock, d'équipements coûteux, ce qui était inaccessible pour beaucoup. Mais aujourd'hui, grâce à Internet, tout a changé. Internet offre la possibilité à quiconque souhaite entreprendre de le faire depuis chez lui, sans nécessiter un local spécifique ni même de gérer un stock. Vous pouvez collaborer avec des fournisseurs asiatiques et vendre vos produits ou services à des clients en Europe ou en Amérique sans jamais quitter votre domicile.

Cela signifie que si des personnes sont devenues entrepreneures à une époque où des investissements importants étaient nécessaires, aujourd'hui, grâce au Web, vous pouvez vous aussi y parvenir avec beaucoup moins de moyens. C'est le cas de Yomi Denzel, entrepreneur suisse d'origine nigériane, qui est devenu multimillionnaire grâce au Dropshipping et à ses formations et coaching en e-commerce, tout comme des milliers d'autres entrepreneurs du web dans le domaine du marketing digital ou du développement numérique.

Internet a provoqué une véritable révolution entrepreneuriale à travers le monde, et ce n'est que le début. En 2024, avec l'intelligence artificielle, de nouveaux entrepreneurs émergeront. Espérons que vous serez parmi ceux qui participeront à cette nouvelle vague.

OÙ VA-t-on VOTRE ARGENT ?

Il y a quelques mois, j'ai découvert le jeu Cash-flow, développé par l'entreprise RichDad Company présidée par Robert T. Kiyosaki. Ce jeu invite les participants à simuler des décisions financières de la vie quotidienne affectant leurs situations financières à long terme. Ce qui le distingue, c'est que ses règles reflètent la réalité, notamment en intégrant des événements imprévus et coûteux tels que la naissance d'un bébé ou une catastrophe naturelle. De plus, il propose des opportunités d'investissement permettant aux joueurs de constituer des actifs. L'objectif principal est de sortir de ce que l'on appelle le "Rat race", terme anglais désignant le cercle vicieux financier dans lequel beaucoup de gens se trouvent, incapables d'en sortir.

La plupart des individus prennent des décisions qui semblent insignifiantes au départ, mais dont l'impact à long terme est considérable. C'est ce que le jeu tente de nous enseigner : comment sortir du cercle vicieux financier en prenant des décisions éclairées et en investissant judicieusement nos économies pour constituer des actifs assurant notre sécurité financière ? Le jeu démontre qu'en gérant intelligemment nos revenus et en investissant une partie de nos économies dès aujourd'hui, nous pouvons avoir un impact significatif sur notre avenir. Je ne fais pas la promotion du jeu Cash-flow, je partage simplement mon expérience après y avoir joué plus d'une centaine de fois et avoir pris conscience de son impact sur ma mentalité financière.

Quand je me suis posé la question "Où va mon argent ?", j'ai découvert un élément essentiel qui a apporté des réponses. En demandant à quiconque où va son argent, la réponse commune est "dans les dépenses". Mais comprendre que mon argent va aux dépenses mensuelles n'était pas suffisant pour moi ; j'ai ressenti le besoin d'aller plus loin. J'ai commencé à apprendre comment analyser mes états financiers personnels, et je vous recommande vivement de faire cet exercice chaque mois, en prenant vos finances très au sérieux. Peu importe le montant de vos revenus, apprendre à établir et à lire des états financiers est essentiel pour obtenir des réponses précises sur la destination réelle de votre argent. Le premier choc que j'ai ressenti après avoir établi mon premier état financier était de réaliser comment l'argent entrait et sortait.

En termes simples, un état financier se compose de deux parties : un compte des résultats où vous répertoriez vos revenus et vos dépenses, et un bilan où vous listez vos actifs et vos passifs. Rappelez-vous, un actif génère des rentrées d'argent tandis qu'un passif en engendre des sorties.

Voici un exemple d'état financier pour une personne ordinaire : revenus (salaire, Rémunérations, Dividendes)

Dépenses (loyer, factures, Entretien, Alimentation, frais de scolarité, Transport) Actifs (actions, Biens immobiliers en location, Entreprise)

Passifs (cartes de crédit, Hypothèque, Dettes)

En analysant plusieurs états financiers, vous remarquerez que l'argent circule différemment pour chacun. Les personnes pauvres dépensent la totalité de leurs revenus, tandis que ceux qui appartiennent à la classe moyenne dépensent une partie de leurs revenus après avoir investi dans des passifs. Les riches, quant à eux, utilisent leurs revenus pour acquérir des actifs ou investir, ne dépensant qu'ensuite. En d'autres termes, leurs actifs déterminent leurs dépenses.

Je recommande vivement de dresser au moins deux états financiers à la fin de chaque mois. Le premier devrait être établi au début du mois, dès que vous recevez par exemple votre salaire. Son objectif est de prévoir et de planifier votre budget mensuel en tenant compte des dépenses prévues pour le mois et du cash-flow, c'est-à-dire le montant prévu pour rester après avoir effectué toutes vos dépenses.

Ensuite, suivez l'évolution de votre situation financière tout au long du mois afin d'avoir à la fin du mois un état financier prévisionnel et un état financier réel. Comparez-les et évaluez votre capacité à anticiper vos dépenses. Répétez cette démarche chaque mois ; plus vous le ferez, plus vous serez en mesure de planifier précisément votre budget mensuel. Cependant, je tiens à souligner qu'il peut y avoir des événements imprévus qui viendront perturber vos prévisions.

Beaucoup de gens sous-estiment l'importance des petites dépenses, mais cela est fortement déconseillé. Chaque centime compte, c'est pourquoi il est essentiel d'enregistrer scrupuleusement chaque dépense, même les plus petites. Bien que cela puisse sembler fastidieux au début, cet exercice s'avérera payant à long terme.

En notant chaque dépense dans les moindres détails, vous serez en mesure d'identifier les habitudes de dépenses superflues et de prendre des mesures pour les corriger.

En prenant conscience de vos habitudes de dépenses et en les ajustant au fil du temps, vous serez en mesure d'économiser davantage et de réaliser vos objectifs financiers plus rapidement.

ET SI VOUS NE PAYEZ PLUS D'IMPÔTS

Dans le domaine des finances personnelles, une stratégie souvent négligée, mais essentielle consiste à maîtriser ses impôts. Comme le soulignait le sage entrepreneur Robert T. Kiyosaki, "Les riches payent moins d'impôts que les personnes pauvres ou de la classe moyenne, voire 0 % d'impôts." Comprendre que les impôts représentent l'une de nos plus grandes dépenses est fondamental. Lorsque vous êtes salarié, vous recevez votre salaire net, et la plupart des gens ne prêtent pas attention au pourcentage d'imposition prélevé par l'État. Cependant, pour les entrepreneurs, la fiscalité revêt une importance capitale. En tant que chef d'entreprise, vous avez le contrôle et la responsabilité de minimiser vos charges fiscales.

L'objectif est de trouver des stratégies légales permettant de réduire votre facture fiscale. La loi est claire à cet égard : ceux qui gagnent leur argent grâce à leur travail dur paient davantage d'impôts que ceux qui investissent et créent des emplois. Ceux-ci constituent les piliers du nouveau capitalisme.

Imaginons un instant un monde où personne ne paie d'impôts et où chacun reçoit ses revenus bruts. Dans ce scénario, les riches deviendraient encore plus riches, tandis que les pauvres s'appauvriraient davantage. Cette perspective, bien que fictive dans la plupart des sociétés, mérite d'être méditée. Elle met en lumière l'écart non seulement financier, mais surtout mental, entre les riches et les pauvres.

Il est crucial de ne pas considérer l'État comme l'ennemi responsable de nos problèmes financiers. La véritable responsabilité réside dans notre façon de gérer notre argent. En modifiant notre mentalité à cet égard, nous pouvons transformer notre vie, tant sur le plan financier que dans d'autres domaines.

Pourquoi les banques refusent-elles de vous prêter de l'argent ?

Je me rappelle de notre première maison, où j'ai passé toute mon enfance, située à côté d'une petite institution financière. J'ai grandi en observant des gens venir demander des prêts pour divers besoins, que ce soit pour acheter des biens de consommation ou acquérir un terrain pour y construire une maison. Cependant, un événement a toujours attiré mon attention : une longue liste de noms affichée à l'accueil, accompagnée des montants dus. Intrigué, un jour, j'ai posé la question à mon père : « Qu'est-ce que cette liste ? » Il m'a répondu que c'était une liste des personnes en retard de remboursement, affichée pour montrer leur incapacité à honorer leurs dettes. J'étais encore jeune, mais même à cet âge, je savais que c'était une expérience traumatisante.

Dans mon esprit d'enfant, je me suis promis que mon nom ne figurerait jamais sur cette liste. J'étais déterminé à ne jamais subir une telle humiliation. Même enfant, je comprenais que l'argent régnait en maître dans la société et qu'en être dépourvu engendrait un profond malaise, surtout lorsque votre situation financière est exposée au grand jour et que tout le monde sait combien vous devez. Heureusement, cette pratique n'est plus courante de nos jours, mais elle a laissé une marque indélébile en moi. Même dans le cas où personne d'autre ne le découvrirait, je saurai si je suis un jour dans l'incapacité de rembourser mes dettes.

Aujourd'hui, bien que les méthodes de recouvrement aient évolué, la pression sur les emprunteurs reste intense à mes yeux. Dans ce monde capitaliste, obtenir un prêt nécessite de prouver que l'on est capable de rembourser sa dette. Les banques peuvent exiger des garanties pour pallier un éventuel défaut de paiement. Obtenir un prêt pour développer un projet ou une entreprise est encore plus ardu, surtout si l'on manque d'expérience dans le monde des affaires. C'est pourquoi les banques sont moins enclines à accorder des prêts aux particuliers qu'aux entreprises ou aux organisations.

On nous a toujours appris qu'il fallait présenter un dossier irréprochable pour espérer obtenir un prêt. Mais dans la réalité, les banquiers se préoccupent souvent plus de la personnalité de l'emprunteur que des détails de son projet. Pour un jeune entrepreneur qui n'a pas encore fait ses preuves, le financement participatif ou les investisseurs privés sont souvent la meilleure option. Oubliez les banques si vous êtes de ce cas.

En revanche, pour un chef d'entreprise ayant fait ses preuves, les banques peuvent devenir des alliées et des partenaires financiers. C'est d'ailleurs ce que font la plupart des investisseurs riches et des dirigeants d'entreprises prospères. Ils utilisent les ressources financières de leurs entreprises plutôt que les leurs propres. Sans doute parce qu'il est plus rassurant de prêter à une entreprise pour sa capacité à rembourser des dettes qu'à une personne physique.

L'ART D'INVESTIR

C'est quoi l'investissement ?

Pour moi, investir, c'est prendre des décisions financières stratégiques pour réduire nos dépenses et accroître nos bénéfices à long terme. Lorsqu'il est question d'investissement, il est fréquent de considérer des sujets majeurs, tels que les types de placements qui pourraient s'avérer prometteurs sur une échéance de 5, 10 ou même 20 ans. Cependant, l'investissement englobe bien plus que cela. Cela implique toute action, qu'elle soit directe ou indirecte, qui influence nos performances financières, que ce soit notre capacité à anticiper les frais de retard de paiement de factures ou nos choix d'achats quotidiens.

Je me souviens d'un ami avisé qui m'interrogeait régulièrement, il y a quelques années de cela, sur le fait de savoir si je réglais mes factures dans les délais impartis. À l'époque, je ne comprenais pas pourquoi cette question revenait si souvent. Aujourd'hui, je réalise que dans le domaine des finances, l'accumulation de l'habitude prudente est essentielle. J'observe toujours les tendances sur une période de 5 à 10 ans pour évaluer si une action est bénéfique ou préjudiciable. C'est à ce moment-là que je décide de prendre le contre-courant si nécessaire.

L'investissement se résume à un plan, à une série de décisions et d'actions qui influent sur nos dépenses et nos profits à long terme. Si vous comprenez cela, vous réaliserez que le risque survient lorsque nous manquons d'une stratégie claire. Sans plan, investir devient risqué.

Un des aspects les plus remarquables que j'ai observés dans l'investissement sur le marché financier est que le mythe voulant que vos économies soient proportionnelles à l'actif en cours est erroné. Bien sûr, au début, votre solde peut être en corrélation avec la valeur de votre investissement. Cependant, les frais cachés par votre courtier doivent être pris en compte. Il est faux de penser que tant que votre actif n'atteint pas zéro, vos économies sont en sécurité. Même si la valeur d'un actif diminue de 80 % puis augmente à nouveau, il est possible que vos économies ne retrouvent pas leur montant d'origine.

Imaginons que vous investissiez 2000 euros dans des actions de la société X. Lorsque, les choses vont bien et que le marché est favorable, votre investissement de 2000 euros peut augmenter de 5 %. Si votre actif subit une baisse de 95 %, il est probable que vos économies connaissent une évolution similaire. Même si l'actif remonte par la suite, il est crucial de prendre en compte les frais et commissions associés à votre compte. Parfois, ces coûts peuvent dépasser vos gains, vous laissant dans une situation difficile où vous devez payer pour maintenir votre compte actif. C'est pourquoi seules les personnes disposant de fonds suffisants pour couvrir ces frais peuvent réussir dans le marché boursier, quelles que soient les conditions économiques. Les chiffres de cet exemple sont secondaires ; l'essentiel est de comprendre la réalité du monde de la bourse avant de s'y aventurer.

C'est un peu comme contracter un prêt hypothécaire en utilisant votre maison comme garantie. Au moment où vous empruntez de l'argent, la valeur de votre maison est souvent supérieure au montant emprunté, y compris les intérêts. Cependant, l'immobilier est l'un des secteurs les plus sensibles lors d'une crise économique. Il peut arriver que la valeur de votre maison diminue au point qu'elle ne puisse plus servir de garantie, vous laissant dans une situation délicate.

Investisseurs Variés, Investissements Multiples

Tout comme il existe une vaste gamme de personnalités, il en va de même pour les profils d'investisseurs. Au-delà des différences de revenus et d'expérience qui les caractérisent, le choix du type de placement repose avant tout sur une question de mentalité. Dans le domaine de l'investissement, il est crucial de prendre en compte plusieurs éléments clés avant de décider où placer ses fonds. Bien que je ne sois pas particulièrement enclin aux plans d'épargne à long terme dans les banques, il est indéniable que certaines personnes, plus prudentes quant aux risques, trouveront une sécurité accrue en plaçant leurs économies dans un compte d'épargne.

Cependant, pour ceux qui sont en quête de gains, à l'instar des 10 % de la population, il est temps d'explorer les différentes options de placement disponibles. Avant toute chose, il est essentiel de comprendre un concept qui échappe à beaucoup : la plupart des gens ne connaissent que les investisseurs qui acquièrent et placent leur argent dans des actifs tels que l'immobilier, les fonds communs de placement, ou les entreprises. Ces individus sont ce que l'on appelle des investisseurs acheteurs, car ils investissent leurs capitaux dans l'acquisition d'actifs, pariant ainsi sur leur rendement futur.

Pourtant, dans le cadre d'un marché caractérisé par l'offre et la demande, il y a deux rôles distincts : celui de l'acheteur et celui du vendeur. Lorsque vous êtes celui qui vend des parts de vos actifs à d'autres investisseurs, vous devenez également un investisseur, plus spécifiquement un investisseur vendeur. Être un investisseur vendeur signifie avoir la capacité de créer un actif à partir de rien, de lui attribuer une valeur suffisante pour attirer l'intérêt d'autres investisseurs en échange de capitaux.

Il m'a fallu un certain temps pour réaliser que je pouvais moi-même devenir un investisseur en commençant par être un entrepreneur, un chef d'entreprise, en vendant des parts de mon entreprise en échange de capitaux auprès d'autres investisseurs, ou même en introduisant la société en bourse. C'est d'ailleurs le parcours suivi par de nombreuses grandes entreprises à travers le monde. Ces sociétés ont pu continuer à développer leurs activités grâce aux financements obtenus en rendant leurs actions accessibles au public, permettant ainsi à chacun d'investir.

En résumé, le monde de l'investissement offre deux perspectives principales : l'achat et la vente. Il est important de ne pas confondre ces rôles avec ceux que l'on trouve sur les marchés boursiers. Lorsque je parle d'un investisseur-vendeur, je fais référence à la personne qui est propriétaire et qui contrôle l'actif en question, comme le chef d'entreprise. De plus, lorsqu'on évoque un investissement, il est toujours question d'horizons temporels à long terme, tels que deux ans, cinq ans, dix ans, voire vingt ans. En revanche, lorsqu'on parle de spéculation, il s'agit souvent de transactions à court terme, comme celles que l'on observe fréquemment sur les marchés boursiers, où acheter le matin pour revendre le soir ne correspond pas à ma conception de l'investissement, mais relève plutôt de la spéculation.

Dans le monde actuel, une multitude de types d'investisseurs coexistent. Par exemple, les investisseurs accrédités sont des individus gagnant au moins trois cent mille dollars par an, possédant parfois une fortune nette atteignant plusieurs millions de dollars. Ces personnes n'investissent généralement pas directement, mais le font via des conseillers financiers et des experts. Quant aux investisseurs initiés, c'est un type d'investisseur qui a particulièrement retenu mon attention. Devenir un investisseur initié ne nécessite pas d'avoir un capital considérable, car vous êtes généralement le vendeur, celui qui crée une entreprise, la développe afin d'attirer d'autres investisseurs prêts à investir leurs capitaux en échange de parts de votre entreprise. Ainsi, devenir un investisseur initié revient à développer des compétences en gestion d'entreprise et à savoir comment faire prospérer une entreprise pouvant valoir des millions, voire des milliards de dollars.

Si vous disposez déjà de ressources financières importantes et que l'on peut vous qualifier d'investisseur accrédité, vous n'avez pas nécessairement besoin de posséder une vaste connaissance en matière d'investissement, puisque ce sont vos conseillers financiers et experts qui se chargent des investissements pour vous. En revanche, si vous aspirez à devenir un investisseur initié, vous devez alors acquérir des compétences en gestion et maîtriser les bases de la comptabilité. Plus vous approfondissez vos connaissances financières, plus vous deviendrez un investisseur averti, capable d'investir de manière autonome et de gérer vos propres affaires avec succès.

Qu'est-ce qu'un plan d'investissement ?

Un plan d'investissement, c'est bien plus qu'un simple ensemble de directives financières. C'est l'outil incontournable de tout investisseur averti, un véritable GPS vers la réussite financière à long terme. Il incarne une vision claire de vos objectifs, une feuille de route vers la prospérité économique. Avant même d'entamer votre parcours financier, posséder un plan d'investissement solide est une étape indispensable. Voici pourquoi : le choix de votre stratégie définira votre identité d'investisseur, votre horizon temporel, vos tactiques de placement et les données cruciales à collecter.

Imaginez-vous prêt à entreprendre un voyage vers la Chine. Tel un explorateur, une multitude d'options s'offrent à vous. La première question à se poser est celle de l'importance du facteur temps. Si votre objectif est d'atteindre la Chine en une semaine, peu importe les moyens, le choix du vélo serait peu judicieux. En revanche, si vous aspirez à une odyssée enrichissante, ponctuée de découvertes et d'échanges, le vélo s'avère être le compagnon idéal, quel que soit le temps nécessaire pour y parvenir. De même, en matière d'investissement, les véhicules à privilégier dépendront de vos aspirations et de votre capacité financière.

C'est ainsi que l'investissement immobilier, bien que prometteur, n'est pas à la portée de tous. Certaines âmes audacieuses se révèlent expertes dans ce domaine et y voient une opportunité de croissance exceptionnelle. Toutefois, l'immobilier, en tant qu'actif le moins liquide, présente des défis uniques. Une erreur dans ce domaine peut demander un temps considérable pour être rectifiée, car trouver un acquéreur pour un bien immobilier peut s'avérer être un parcours semé d'embûches. Seuls ceux qui font preuve de courage, de patience et de lucidité face aux risques peuvent réellement prospérer dans ce secteur. Cependant, c'est également le domaine de prédilection des investisseurs avertis, car il offre une stabilité relative et, lorsqu'il est bien maîtrisé, l'immobilier peut se révéler l'actif le plus précieux.

À l'opposé, les fonds communs de placement, les actions et les obligations offrent une plus grande liquidité. Il est possible d'acheter des actions aujourd'hui et de les revendre quelques jours plus tard. Le marché des actions et des obligations est bien plus fluide que celui de l'immobilier. Il est accessible à toute personne disposant d'un capital minimum. Cependant, cette accessibilité accrue engendre une spéculation plus importante. Contrairement à l'immobilier, où une erreur peut nécessiter des années pour être corrigée, sur le marché des actions et des obligations, les ajustements peuvent être réalisés plus rapidement.

Enfin, il est également envisageable d'investir dans des start-ups ou dans des entreprises en quête de financement et de participer ainsi à leur développement. Ce type d'investissement implique généralement une analyse minutieuse des porteurs de projets, ainsi qu'une évaluation de la viabilité financière de l'entreprise. Nous aborderons dans le chapitre suivant les points essentiels à examiner avant de vous engager dans ce type d'investissement.

L'Investisseur et les Chiffres : une Alliance Indispensable

Dans le monde de l'investissement, les mathématiques sont vos meilleures alliées. Il est difficile d'être un investisseur sans apprécier les chiffres. Au-delà des qualités psychologiques requises, tout investisseur doit également être un analyste compétent, capable de décoder les données financières. Sans une compréhension basique de ces chiffres et des indicateurs clés d'une entreprise, l'acte d'investir devient un jeu dangereux. C'est pourquoi il est essentiel d'explorer en profondeur les outils nécessaires à quiconque souhaite se lancer dans le monde de l'investissement, en commençant par la lecture et la compréhension des états financiers.

Qu'est-ce qu'un état financier... ?

Dès le début de cette exploration, j'ai promis de vous accompagner dans l'univers complexe de la comptabilité et de la finance. Toutefois, il est crucial de souligner que cette partie s'adresse spécifiquement à ceux désireux de devenir investisseurs. Pour les autres lecteurs, vous pouvez tranquillement passer aux chapitres suivants, bien que je le recommande fortement. Évoquons une analogie dans le domaine de la médecine, qui est souvent éclairant, car il est largement compris de tous : lorsque nous évaluons la santé d'un patient, nous examinons non seulement son état physique, mais aussi mental. De même, une entreprise fonctionne avec plusieurs systèmes interdépendants, comprenant la production et les finances.

Ainsi, analyser un état financier revient à évaluer la santé financière d'une entreprise en scrutant de près les indicateurs clés fournis par les chiffres. Parmi ceux-ci, on retrouve la trésorerie (les liquidités disponibles dans les comptes courants ou en caisse pour soutenir les opérations, payer les fournisseurs, les employés, les charges, etc.), les actifs et les passifs (qui représentent le patrimoine financier), ainsi que la capacité d'autofinancement. Les chiffres sont vos alliés les plus fiables. Avant d'investir dans une entreprise, il est crucial d'analyser minutieusement ses documents financiers pour évaluer sa situation actuelle et anticiper son évolution future. Ces analyses vous permettront de déterminer si l'investissement en vaut la peine et pour quelle durée.

Apprendre à lire et à analyser des états financiers, même si vous n'envisagez pas encore d'investir, devrait figurer parmi vos priorités. Considérez cela comme des exercices pratiques dans le monde réel avant de vous lancer dans l'action. Bien sûr, vous pouvez toujours solliciter l'aide d'un expert financier si besoin, mais prendre les rênes de vos investissements offre une expérience incomparable. Apprenez par vous-même, tout en tirant parti des conseils des experts, mais gardez le contrôle sur vos décisions.

Comment établir un état financier personnel ?

Votre entreprise est une entité morale, mais vos finances personnelles méritent également toute votre attention. Contrairement à votre entreprise, vous ne pouvez pas éviter les problèmes financiers au niveau personnel. C'est pourquoi il est essentiel de dresser régulièrement des états financiers pour vos finances personnelles, vous permettant ainsi d'identifier les problèmes potentiels avant qu'ils ne surviennent.

Pour ce faire, rien de plus simple : commencez par créer deux tableaux. Tout d'abord, le compte de résultat. Faites une liste de toutes les sources de vos revenus, ainsi que de toutes vos dépenses, y compris le loyer, les factures, les assurances, la nourriture, les vêtements, les frais de scolarité, etc. La différence entre vos revenus et vos dépenses représente votre flux de trésorerie. Un solde positif indique un excédent de trésorerie, signifiant que vous dépensez moins que ce que vous gagnez, vous permettant ainsi de renforcer votre patrimoine. Un solde négatif, en revanche, révèle un déséquilibre dans votre gestion financière, nécessitant une révision de vos dépenses.

Ensuite, passez au bilan financier. Faites l'inventaire de tous vos avoirs (Prenez en compte tous les actifs qui vous rapportent des revenus, tels qu'une propriété en location, un véhicule en location avec option d'achat, des actions ou obligations qui génèrent des bénéfices, des biens immobiliers, etc.) et de vos dettes (comme les cartes de crédit et les dettes à long terme).

L'objectif du bilan est simple : déterminer si votre patrimoine financier vous rapporte de l'argent, si vos actifs génèrent plus de revenus que vos passifs ne vous en font perdre, ou l'inverse. S'il en résulte un déséquilibre, votre objectif sera de réduire vos passifs.

Dans l'ensemble, visez à accroître vos actifs tout en réduisant vos dépenses et en diminuant vos passifs. Tout commence par une prise de conscience de votre situation financière. Comme je l'ai mentionné au début de ce chapitre, je le souligne à nouveau : réalisez au moins chaque mois un état financier pour vos finances personnelles.

CHAPITRE 3 : CHEMIN VERS L'ENTREPRENEURIAT - JE VEUX DEVENIR ENTREPRENEUR

Entrepreneur ou bâtisseur de réseaux

Dans le vaste monde de l'entrepreneuriat, on trouve une multitude de profils, mais une poignée d'individus se démarquent véritablement. Cette distinction est peut-être due à une analyse approfondie révélant que les entreprises les plus prospères du 21e siècle ne sont pas simplement des entités commerciales, mais plutôt des réseaux interconnectés. C'est précisément ce modèle d'entreprise qui capte mon intérêt de manière particulière. Si l'on me questionnait sur le type d'entreprise que j'aspirerais à diriger ou à créer, ma réponse serait sans équivoque : un réseau.

Qu'entend-on par "entreprise en réseau" ? Il s'agit d'un modèle d'entreprise où plusieurs entités, disséminées géographiquement, collaborent autour d'un objectif commun, permettant ainsi aux utilisateurs finaux de transcender les barrières géographiques. Ma fascination pour ce concept a été fortement éveillée lors de ma première expérience d'achat en ligne sur Amazon. Ce processus d'achat, depuis le contact initial avec le fournisseur sur le site jusqu'à la réception du colis à mon domicile, m'a incité à approfondir mes recherches afin de comprendre le secret du succès des grandes entreprises dans le monde.

En examinant de plus près, on réalise rapidement que des géants tels qu'Amazon ne doivent pas leur succès simplement à la qualité de leurs produits, mais surtout à l'efficacité de leurs réseaux logistiques. Le produit que vous commandez en ligne traverse un réseau complexe, passant par plusieurs étapes, y compris les douanes, le transport, la logistique, pour enfin arriver entre vos mains. Sans un réseau opérationnel et bien pensé, une telle chaîne d'approvisionnement serait tout simplement impossible à réaliser à une échelle mondiale.

Cette expérience m'a conduit à étudier de près d'autres géants du secteur, tels qu'Apple, Microsoft, les compagnies aériennes, les sociétés de télécommunications, ainsi que les fournisseurs d'énergie. Bien que leurs occupations soient très différentes, ils ont néanmoins un point commun. La mise en place de réseaux sophistiqués visant à faciliter la vie des individus, indépendamment des frontières et des distances.

Prenons l'exemple d'Apple : la combinaison de fournisseurs, d'usines d'assemblage, de centres de distribution et de magasins à travers le monde constitue un réseau puissant qui rend les produits Apple accessibles à un large public. De même, les systèmes bancaires mondiaux permettent aux individus d'accéder à leurs fonds où qu'ils se trouvent, grâce à des réseaux de communication sécurisés.

Il est indéniable que des entrepreneurs tels que Mark Zuckerberg qui a bâti sa fortune en exploitant intelligemment les réseaux sociaux pour connecter les individus à travers le monde. De même, les pionniers tels que Thomas Edison qui ont compris l'importance de développer des réseaux électriques pour apporter l'électricité à tous, créant ainsi des systèmes capables de fonctionner de manière autonome et efficiente.

Le modèle d'entreprise en réseau émerge comme l'une des approches les plus prometteuses pour accroître le succès et les bénéfices. Apprendre à construire et à gérer un tel réseau devrait figurer parmi les priorités de tout entrepreneur ambitieux, car cela, non seulement, assure le succès de l'entreprise, mais permet également de créer des systèmes autonomes et durables.

Si vous aviez un million d'euros, que feriez-vous ?

Il y a quelques années, alors que j'étais encore plongé dans mes études universitaires, le monde de l'entrepreneuriat et de l'investissement me paraissait aussi lointain que les étoiles. Un jour, on m'a tendu une opportunité de contribuer à une cause noble, nécessitant une mise de départ d'au moins 500 euros. À l'époque, cette somme représentait un montant considérable pour moi, équivalent à deux ou trois mois de revenu. En tant qu'étudiant, mes finances étaient loin d'être florissantes, mais plutôt que de rejeter cette occasion comme la plupart des gens l'auraient fait, j'ai décidé de saisir cette chance, même si je ne savais pas encore comment réunir cet argent. Mon choix était seulement motivé par le désir de gagner en reconnaissance et en estime de moi-même.

Plutôt que de me laisser submerger par les difficultés financières, j'ai choisi d'adopter une approche proactive en me projetant déjà comme ayant les moyens nécessaires. J'ai commencé à élaborer des plans détaillés pour atteindre cet objectif. Alors que les autres devaient simplement payer le montant souhaité, mon travail était de trouver des biens précieux et difficiles à acquérir. J'ai donc entamé un processus de réflexion approfondie, cherchant des réponses à des questions telles que : y a-t-il un lieu où l'on peut se procurer ces objets rares ? J'ai passé des heures pour brainstormer, à solliciter des conseils, et à élaborer une feuille de route claire et précise. Et, au moment où j'ai enfin consolidé un plan solide, quelque chose d'extraordinaire s'est produit : j'ai décroché un contrat client d'une valeur de 1500 euros.

Cette réussite m'a procuré un soulagement immense, sachant que j'avais désormais les moyens financiers pour contribuer à mon projet. Mais surtout, j'étais heureux de constater que j'avais établi un plan d'action clair et structuré. Cette expérience m'a enseigné une leçon précieuse : il ne s'agit pas de croire aux miracles financiers. De nos jours, la plupart des individus accordent une importance primordiale à l'argent avant même de se lancer dans un projet. Pourtant, c'est bel et bien le projet qui génère des bénéfices, pas l'inverse. Si vous avez une idée en tête, concentrez-vous sur sa réalisation, étudiez-la en profondeur, et élaborez un plan détaillé. Car si vous attendez d'avoir suffisamment d'argent pour démarrer, vous n'agirez jamais. En réalité, la plupart des investisseurs privés cherchent à savoir si vous maîtrisez votre sujet, si vous avez consacré du temps à son étude pour déterminer précisément les fonds nécessaires à sa concrétisation.

Chers Lecteurs, je vous exhorte à vous concentrer sur la planification et la réflexion stratégique de vos projets, en examinant les différentes voies pour atteindre vos buts, au lieu de vous enliser dans les préoccupations liées au financement. C'est la dernière chose à laquelle un entrepreneur doit penser. Croyez-le ou non, je vais vous permettre de croire en l'existence d'anges investisseurs, car il existe de nombreuses personnes disposées à investir dans des projets prometteurs comme le vôtre. Il est temps de dépoussiérer vos idées de projet qui traînent depuis deux ans et de vous lancer. Montrez que vous avez étudié votre sujet en profondeur, que vous avez une vision claire de votre destination et que vous savez comment y parvenir, et je vous promets un million d'euros.

Je tiens à souligner l'importance cruciale de l'argent dans notre société contemporaine. Paradoxalement, le manque de financement est l'une des principales causes d'échec des projets. Cependant, vous n'avez pas besoin de fonds pour travailler sérieusement sur votre idée, ni pour prouver votre expertise à quiconque. C'est pourquoi il est essentiel d'établir un plan financier pour garantir la viabilité de votre projet. Mais un tel plan ne peut être dressé sans une étude approfondie, à la fois technique et financière, de votre projet.

Je vous donne un conseil pratique, supposez qu'êtes en possession d'un million d'euros et commencez dès aujourd'hui à concrétiser vos projets. Élaborez des projections financières et démontrez votre capacité à générer des profits et à vous autofinancer. Apprenez à investir virtuellement cet argent. Ne tardez pas à passer à l'action en attendant d'avoir un million d'euros. Si vous n'avez pas de plan pour gérer des millions, je peux vous assurer à 100 % que le million qu'on vous donnera finira dans les poches d'autres personnes. Vous vous laisserez submerger par vos dépenses, risquant même de vous endetter. Rappelez-vous, c'est l'entrepreneur qui crée la richesse, pas l'inverse.

Quel genre d'entrepreneur avez-vous envie de devenir ?

L'entrepreneuriat, une quête qui attire chacun, mais pour des motifs différents. Ces différences sont ancrées dans nos cultures et dans nos mentalités. Pour certains, entreprendre représente le chemin vers la richesse et la liberté, tandis que pour d'autres, c'est une échappatoire à la routine quotidienne, un désir ardent d'indépendance où l'on devient son propre patron. Et vous, quelle est votre raison de vouloir plonger dans ce monde entrepreneurial ?

Chaque matin, en me levant, la même question me hante : suis-je plus ambitieux ou idéaliste ? Quel genre d'entrepreneur suis-je destiné à devenir ? Ces interrogations stimulent l'esprit et ouvrent la voie vers l'entrepreneuriat. Comme le dit le proverbe, tous les chemins mènent à Rome, mais certains valent plus que d'autres. Il est donc crucial de comprendre votre motivation profonde à devenir entrepreneur. Identifier cette raison essentielle alimentera votre détermination et vous gardera sur le chemin du succès. Cette motivation doit jaillir de votre âme, résister aux tempêtes pour que votre rêve devienne réalité.

J'ai croisé des entrepreneurs qui ont érigé des empires par révolte contre leur passé, contre la pauvreté et les systèmes établis. Leur détermination était si profonde que rien ne pouvait les détourner de leur objectif. Chaque jour, ils se rappellent pourquoi ils ont commencé, une motivation plus puissante que tout. Sans cette force intérieure, vous risquez de fléchir dès le premier obstacle.

Thomas Edison a persévéré dans ses 1000 expériences pour apporter la lumière au monde, animé par une motivation inébranlable. De même, sans une passion profonde, Elon Musk n'aurait jamais pu faire de Tesla un géant de l'automobile électrique.

Il est maintenant temps d'explorer les différents types d'entrepreneurs que vous pourriez devenir. Vous pourriez choisir de vous lancer en tant qu'autoentrepreneur, offrant vos compétences spécialisées en indépendant. Pour emprunter ce chemin, il vous faut du courage, car il nécessite des compétences en communication et en vente, ainsi qu'une connaissance approfondie de votre domaine. Mais vous pourriez également vous lancer en tant qu'autoentrepreneur sans compétences spécialisées, ouvrir un restaurant ou une pâtisserie et devenir votre propre patron.

Ou bien, vous pourriez aspirer à davantage et viser la direction d'une entreprise. Diriger une équipe de 20, 50, voire 500 personnes demande des aptitudes spécifiques. Vous n'avez pas besoin d'être le génie du groupe, mais vous devez être un leader capable de communiquer efficacement, tant en interne qu'en externe. Vous devez savoir diriger une équipe aux compétences variées, incluant des experts en comptabilité, en droit, en marketing, et bien d'autres. Ce type d'entreprise requiert un investissement personnel pour développer votre esprit d'entreprise, vos compétences en développement personnel, mais les récompenses en valent la peine. Plus vous cultivez votre communication, votre sens des affaires et votre leadership, plus votre entreprise prospérera.

L'Entrepreneur Éducateur

Votre aspiration à devenir un entrepreneur inspirant, celui qui éclaire le chemin pour les autres, est louable. Vous voulez incarner ce modèle, ce guide pour des milliers, voire des millions de personnes, où qu'elles se trouvent dans le monde. Nous avons tous quelqu'un qui nous inspire, que ce soit par son travail acharné ou par sa personnalité en tant qu'entrepreneur. Si vous visez ce type d'impact, il vous faut cultiver un esprit éducatif, être proche des gens, et susciter la sympathie. Votre réussite se mesurera au nombre de vies que vous inspirez ; plus vous inspirez, plus votre entreprise prospère. Au-delà de la réussite financière, vous deviendrez une référence, un modèle dont les enfants voudront s'inspirer.

L'Entrepreneur Innovateur

Parler d'entrepreneuriat sans évoquer l'innovation serait incomplet. Des entrepreneurs tels qu'Elon Musk sont animés par cette volonté d'innover. Lorsque l'on se préoccupe des défis quotidiens et que l'on aspire à créer des solutions, on devient un entrepreneur visionnaire. Car c'est grâce à l'innovation que l'on surmonte les obstacles. Si vous aspirez à devenir un tel entrepreneur, vous devez embrasser le risque, être ambitieux, rêver en grand. Ce sont les rêveurs audacieux, ceux qui travaillent dur pour concrétiser leurs idées, qui réussissent dans cette catégorie. Innover, c'est parfois s'aventurer dans l'inconnu, voire être qualifié de fou. Mais toutes les grandes réalisations ont commencé ainsi. Préparez-vous donc à être critiqué, mais réussir en tant qu'entrepreneur visionnaire fera de vous une personne accomplie.

L'Entrepreneur Investisseur

Tandis que certains aspirent à inspirer ou à innover, d'autres voient dans l'entrepreneuriat une opportunité de générer des revenus considérables pour investir. Car oui, pour être entrepreneur, il faut être capitaliste : nous vivons à l'ère du capitalisme. Tous les entrepreneurs sont des capitalistes. Et il est vrai que diriger une entreprise permet de générer des revenus importants. Dans ce monde de plus en plus orienté vers le profit, devenir investisseur exige des ressources. C'est pourquoi des experts tels que Robert Kiyosaki conseillent à ceux qui veulent investir avec succès de se lancer dans les affaires et de créer leurs propres actifs. C'est ainsi que la plupart des gens peuvent obtenir les ressources nécessaires pour investir dans les mêmes domaines que les plus riches. Même si vous provenez d'un milieu aisé, il est crucial de maîtriser la gestion d'entreprise pour prendre des décisions d'investissement éclairées.

En réfléchissant à votre propre parcours entrepreneurial, sachez que vous pouvez incarner chacune de ces facettes : inspirer, innover et investir. En effet, la plupart des grands entrepreneurs le font. En réussissant, vous deviendrez automatiquement une source d'inspiration pour les autres, et l'innovation est le moteur de nombreuses entreprises dans le monde. N'oubliez pas que l'investissement est le jeu des riches, mais ils y jouent pour gagner, tandis que d'autres jouent pour ne pas perdre.

Cultivez un esprit d'entreprise. (Est-ce qu'on est né entrepreneur ?)

Être un entrepreneur exige un état d'esprit particulier, une qualité que tout le monde ne possède pas nécessairement. Lorsque l'on observe la plupart des entrepreneurs à travers le monde, ces hommes et femmes qui ont atteint des sommets, il est naturel de se demander ce qui les distingue de nous. En effet, personne ne naît entrepreneur. Il est vrai que certains ont commencé à embrasser l'entrepreneuriat dès leur plus jeune âge, influencés par ce qu'ils voyaient à la maison. Ainsi, il n'est pas surprenant que les enfants issus de familles d'entrepreneurs suivent leurs pas. Comme on dit, "les chats ne font pas des chiens", cette expression résonne particulièrement ici. Cependant, d'autres ont dû cultiver cet esprit entrepreneurial pour atteindre leur position actuelle, en choisissant soigneusement leur cercle social, par exemple.

C'est pourquoi je suis convaincu que la création d'environnements ou de communautés regroupant des entrepreneurs est une idée excellente pour nourrir l'esprit d'entreprise au sein des groupes. D'ailleurs, je vous recommande vivement de rejoindre au moins une communauté d'entrepreneurs. Vous ne perdrez pas votre temps, bien au contraire : plus vous échangez avec d'autres entrepreneurs, plus votre état d'esprit se développera.

Vous pouvez également cultiver votre esprit d'entreprise en vous plongeant dans la lecture, en explorant abondamment les livres sur le développement personnel et les autobiographies des grands leaders.

Planifiez vos journées à la loupe.

La capacité à planifier méticuleusement chaque journée requiert un niveau de discipline que bien des gens peinent à maintenir. Pourtant, c'est un ingrédient crucial pour la réussite de tout projet, qu'il soit entrepreneurial ou personnel. La planification est intrinsèquement liée à l'esprit d'entreprise. Sans elle, nos efforts risquent de rester en suspens, perdus dans un flou d'incertitudes. En l'absence d'une planification rigoureuse, il est difficile de visualiser et de suivre le chemin tracé initialement. C'est pourquoi, si vous brûlez d'ambition pour concrétiser un projet, la première étape doit être l'élaboration d'un plan détaillé, prenant en compte chaque étape avec précision.

Cependant, ne vous contentez pas de cela. En tant que dirigeant ou futur leader, il est impératif de planifier vos journées. Chaque matin, commencez par établir une liste exhaustive de toutes les tâches à accomplir et attribuez à chacune une priorité réfléchie. La priorisation des tâches est fondamentale pour le succès de votre entreprise. Commencez par accorder la plus faible priorité aux tâches les moins cruciales, et réservez les créneaux horaires les plus précieux à celles qui auront un impact significatif sur vos objectifs.

En fin de journée, assurez-vous de ressentir que chaque action accomplie vous rapproche de manière significative de la réalisation de vos aspirations. Si une tâche exécutée ne contribue pas à cette sensation, alors elle est moins prioritaire et doit être repensée.

Apprenez à déléguer.

Déléguer une mission relève d'un véritable art. Ce n'est pas seulement une question de confier une tâche à n'importe qui. L'une des premières leçons que j'ai apprises en plongeant dans l'univers de l'entrepreneuriat il y a de cela trois ans, c'est d'accorder ma confiance aux personnes que j'embauche. Auparavant, il m'était difficile de déléguer des responsabilités à mes subordonnés ; au lieu de cela, je me retrouvais souvent à exécuter moi-même les missions qui leur étaient confiées. Pourquoi donc ? Parce que je me considérais suffisamment compétent pour accomplir mes propres travaux. Comme le disent bon nombre d'entrepreneurs : "Je préfère tout gérer moi-même afin de m'assurer que le travail fourni à mes clients soit de qualité." Beaucoup d'experts et de spécialistes, qui ne sont pas chefs d'entreprise, sont incroyablement habiles et compétents dans leur domaine. Ils ont tendance à tout faire eux-mêmes pour garantir que leurs travaux soient impeccables. C'est pourquoi ils se retrouvent souvent extrêmement occupés.

Cependant, si vous ne faites pas partie de cette catégorie et que vous aspirez à diriger votre propre entreprise, vous devez apprendre à collaborer et à accorder votre confiance à ceux qui vous entourent. Ces personnes doivent être plus compétentes que vous dans leurs domaines respectifs. Vous devrez alors faire confiance à votre expert-comptable, à votre conseiller financier ou juridique, à votre spécialiste du marketing, ainsi qu'à votre responsable du développement produit, peu importe le type de biens ou services que vous proposez.

En tant que dirigeant, vous devez être capable de déléguer des missions, c'est-à-dire de confier à des ressources humaines les tâches pour lesquelles vous estimez qu'elles sont mieux positionnées que vous pour les réaliser. Il vous faut définir l'importance de vos tâches, savoir lesquelles doivent être accomplies par vous-même et celles qui peuvent être confiées à des personnes qualifiées, en fonction bien sûr de leur importance pour vous. Personnellement, je privilégie l'accomplissement des tâches les plus cruciales pour moi, celles qui ont un fort impact sur mes objectifs à long terme, et je délègue les tâches moins prioritaires à des spécialistes du domaine.

Restez Focus

L'un des éléments fondamentaux de l'esprit d'entreprise réside dans la capacité d'un individu à maintenir sa concentration sur un projet et à y investir toute son énergie. Cependant, cela va au-delà : la capacité de concentration, essentielle pour un entrepreneur, se manifeste principalement par le fait de rester concentré tout au long de l'exécution des tâches quotidiennes. C'est avoir la capacité d'éliminer toute forme de distraction lorsqu'on se consacre à une activité importante.

De nos jours, il est courant que les gens effectuent plusieurs tâches en même temps, écoutant de la musique tout en consultant leur téléphone et en recevant diverses notifications. Pourtant, vous ne pouvez imaginer les réalisations possibles et les idées intéressantes qui pourraient émerger si vous pouviez vous concentrer pendant seulement deux heures, sans aucune perturbation, sur une tâche donnée. Je considère que cela vaut bien mieux que de passer huit heures avec des distractions, en faisant semblant de travailler. Le secret réside dans la concentration : concentrez toute votre énergie sur une seule chose à la fois, travaillez dans un silence absolu en vous fixant un objectif pour la journée, et vous constaterez à quel point vous serez productif. En effet, pour un entrepreneur, la productivité est cruciale pour accomplir toutes les tâches fixées, et la concentration demeure l'essence qui alimente cette productivité.

Si vous avez du mal à vous concentrer, vous pouvez toutefois pratiquer des exercices de méditation, ou si la musique vous aide à vous concentrer, alors écoutez de la musique. Cependant, rien ne peut remplacer le silence absolu, surtout dans les domaines qui sollicitent nos six sens. Se laisser distraire équivaut à obtenir seulement 50 % de résultats en termes de productivité, alors qu'il est tout à fait possible d'atteindre les 100 %.

Prenez le temps d'apprendre à vous connaître, à découvrir ce qui vous aide à rester concentré. Car le degré de votre concentration déterminera votre productivité, et votre productivité, à son tour, influencera vos résultats.

Développez votre leadership.

"Le leadership consiste à transformer une vision en une réalité concrète." Warren Buffet.

Être un leader, c'est s'avancer en première ligne pour guider son équipe à travers les tempêtes. C'est assumer la responsabilité de tout ce qui survient, quelles que soient les circonstances.

Les grands dirigeants du monde savent que le leadership est un ingrédient essentiel dans la gestion d'une entreprise. De nombreuses entreprises font faillite en raison de lacunes en matière de direction. Il n'est pas rare de voir, par exemple dans le monde du football, une équipe composée de joueurs exceptionnels, mais qui peinent à obtenir des résultats. Dans tous les domaines, le leadership est l'élément clé pour accomplir des prouesses. Si vous aspirez à devenir un grand chef d'entreprise un jour, il est impératif de cultiver vos compétences en leadership. Bien que certains individus révèlent des qualités de meneur dès leur plus jeune âge, d'autres parviennent à développer ces traits tout au long de leur vie.

Heureusement, de nos jours, de nombreuses opportunités nous sont offertes pour apprendre à devenir des leaders. Vous pouvez par exemple vous porter volontaire pour devenir président d'une association ou d'un organisme à but non-lucratif. Vous n'avez pas nécessairement besoin de vous retrouver à la tête d'une entreprise pour développer votre leadership. Dans votre communauté, il existe probablement une multitude d'associations qui recherchent toujours des personnes prêtes à prendre la direction. N'ayez pas peur d'assumer des responsabilités, car c'est précisément dans ce contexte que vous pouvez vous permettre de commettre des erreurs sans conséquence financière. En effet, commettre une erreur en tant que leader d'une entreprise peut coûter cher. Même les leaders les plus expérimentés font encore des erreurs, mais il est sage d'apprendre à les commettre lorsque les enjeux financiers sont moins élevés.

En 2019, une jeune fille du nom de Greta Thunberg, âgée seulement de 16 ans, est devenue une figure emblématique du mouvement pour le climat à l'échelle mondiale. Tout a commencé en août 2018, lorsque Greta a décidé de faire la grève de l'école chaque vendredi pour protester contre l'inaction des gouvernements face à la crise climatique.

Se tenant devant le Parlement suédois avec une pancarte "Skolstrejk för Klimatet", traduit par "Grève scolaire pour le Climat", elle a attiré l'attention des médias nationaux et internationaux. Sa détermination et sa conviction ont inspiré des milliers d'autres jeunes à se joindre à elle dans des manifestations similaires à travers le monde, donnant naissance au mouvement "Fridays for Future".

Malgré les critiques et les sceptiques, Greta a persisté dans son militantisme en faveur du climat, s'exprimant lors de grandes conférences internationales telles que la COP24 en Pologne et la COP25 au Chili. Elle a adressé un discours franc et direct aux dirigeants du monde entier, les exhortant à prendre des mesures immédiates et significatives pour lutter contre le changement climatique, ce qui a eu un impact profond.

Cette jeune fille de 16 ans a su incarner le leadership en mettant en lumière une question cruciale pour l'avenir de la planète et en mobilisant une génération entière pour exiger des changements. Grâce à son engagement inébranlable en faveur de la cause climatique et à sa capacité à motiver les autres à passer à l'action, elle est devenue une voix influente dans le débat sur le climat, contribuant ainsi à faire de la lutte contre le changement climatique une priorité mondiale.

Greta nous démontre une fois de plus qu'il n'y a pas d'âge pour être un leader. Un leader doit avoir confiance en lui-même et doit transmettre cette confiance à son entourage. Il doit être visionnaire et à l'écoute de ceux qui l'entourent. En tant que leader, les gens doivent pouvoir compter sur vous, et non l'inverse. Influencer les autres pour qu'ils vous suivent, encourager la confiance en soi, relever les défis et assumer ses responsabilités sont autant de qualités essentielles pour tout meneur, quel que soit le domaine. Comme l'a dit Bill Gates, "Au cours du prochain siècle, les leaders seront ceux qui donneront du pouvoir aux autres".

Pour développer votre leadership, vous devez croire en vos visions, même si tout le monde n'y croit pas. Vous devez être capable de voir les choses dans leur globalité, de prendre des décisions rapidement et de les assumer. Que vous envisagiez de diriger une entreprise ou non, il est crucial de développer ces traits de caractère pour être un leader dans votre communauté.

https://www.britannica.com/biography/Greta-Thunberg

https://earth.org/fridays-for-future/

Portons un regard perspicace sur l'Afrique, ou si vous avez une connaissance approfondie de ce continent, vous ne manquerez pas de remarquer qu'il s'agit d'une région souvent secouée par une instabilité politique criante. Cette situation découle fréquemment de manifestations sporadiques, témoignant du mécontentement général envers les dirigeants en place. Ces phénomènes se répètent inlassablement à travers tout le continent, avec des dirigeants prêts à tout pour conserver le pouvoir, au détriment de leur propre peuple.

Cependant, ces dernières années, j'ai eu le privilège d'assister à l'un des mouvements révolutionnaires les plus marquants, celui d'un peuple qui n'a pas hésité à se sacrifier pour faire valoir sa voix. Comme dans de nombreux pays démocratiques, cette tendance remonte à 2021, avec une instabilité politique émergente au sein du pays de la Téranga, plus communément appelé le Sénégal. Cette agitation découle de la volonté de l'ancien dirigeant Macky Sall de briguer un troisième mandat, en contradiction flagrante avec les principes constitutionnels fondamentaux.

Cette période a été marquée par des pertes en vies humaines et des blessures graves, mais cela n'a pas entamé la détermination du peuple sénégalais dans sa quête. Qu'est-ce qui différencie cette période des autres ? Qu'est-ce qui caractérise la force indomptable du peuple sénégalais, qui a persisté malgré les épreuves et les sévices ? Tout se résume en un mot : le leadership. Il ne fait aucun doute que la présence de l'homme connu sous le nom d'Ousmane Sonko a redonné de la force au peuple sénégalais. Il n'a pas reculé, allant même jusqu'à être emprisonné pour des motifs injustes, mais cela n'a constitué qu'un obstacle parmi tant d'autres.

Un véritable leader doit être prêt à affronter toutes les éventualités. Cet homme mérite notre admiration incontestable, ayant montré la voie à ses compatriotes et ayant toujours été en première ligne, tel un véritable guide. Une fois de plus, il est évident que le succès politique auquel aspirent aujourd'hui les Sénégalais est en grande partie dû au leadership exemplaire d'Ousmane Sonko.

Maîtrisez l'art de la communication.

Voici quelques citations des dirigeants d'entreprises et anciens chefs d'Etat à propos de la communication.

Barack Obama : "Les grands discours ne sont pas simplement une question de mots bien choisis, mais aussi de connexion émotionnelle avec votre public. L'art de l'orateur réside dans la capacité à toucher les cœurs et les esprits."

Elon Musk : "L'art de l'orateur est crucial pour tout entrepreneur. Vous pouvez avoir la meilleure idée du monde, mais si vous ne pouvez pas la communiquer efficacement, elle ne vaudra pas grand-chose."

Tim Cook : "Savoir parler en public est une compétence cruciale pour tout leader. Cela vous permet de communiquer efficacement votre vision, de rallier les troupes et de faire avancer votre entreprise."

Indra Nooyi (ancienne PDG de PepsiCo) : "En tant que femme dans le monde des affaires, l'art de l'oratoire est particulièrement important. Nous devons être capables de faire entendre notre voix, de défendre nos idées et d'inspirer les autres, tout en restant fidèles à qui nous sommes."

Dans l'arène impitoyable des affaires, la communication se dresse comme l'arme la plus puissante dont tout entrepreneur avisé doit se saisir pour gravir les échelons du succès. L'histoire regorge d'exemples où une communication efficace a permis à des entreprises vacillantes de renverser la vapeur et de s'élever au sommet. En tant que leader, il vous incombe d'édifier un plan de communication robuste, de rayonner de charisme tant en interne, auprès de vos équipes, qu'en externe. En effet, en tant que PDG, votre présence doit inspirer pouvoir et confiance à vos collaborateurs et au public. C'est dans cette optique que la maîtrise de l'art oratoire et de la prise de parole en public revêt une importance cruciale.

Un des exemples les plus saisissants de l'impact de la communication nous vient de l'expo MacWorld de 1997, où Steve Jobs effectuait son retour tant attendu chez Apple après une absence prolongée. Invité à cet événement, il fut confronté à l'inefficacité patente du PDG de l'époque, Gil Amelio. Près de quatre mille personnes étaient présentes au grand salon du Mariott de San Francisco pour assister à la conférence du PDG.

Gil Amelio venait tout juste de revenir de vacances et s'était embrouillé avec les rédacteurs de son discours, allant jusqu'à refuser de répéter son allocution. À l'arrivée de Jobs en coulisses, l'étendue des dégâts était manifeste. Il découvrit un PDG s'embourbant dans une présentation incohérente, tentant vainement d'improviser et perdant le fil de son discours à maintes reprises. Après plus d'une heure de supplice, l'audience était exaspérée.

Dans un témoignage poignant, Steve Jobs déclare à propos de Gil Amelio : "J'étais partagé : devais-je dire à quel point Gil était incompétent ou taire ce que je pensais ? Ed Woolard était président du conseil d'administration, j'avais le devoir de lui faire part de mon avis. Mais si je le faisais, il en parlerait à Gil, qui se méfierait alors de moi et pourrait virer tous les employés que j'avais emmenés avec moi. Toutes ces pensées tournoyaient dans ma tête. Finalement, j'ai choisi de dire la vérité. Mon attachement à Apple était fort. Alors j'ai tout avoué. Je lui ai dit que Gil était le pire PDG que la terre ait porté. S'il avait fallu un permis pour occuper ce poste, Gil ne l'aurait jamais eu. Après avoir raccroché, j'ai douté. Peut-être venais-je de commettre la plus grande erreur de ma vie."

Gil Amelio était un PDG médiocre, dépourvu de charisme, incapable de communiquer efficacement avec son équipe et de convaincre le public. Sa gestion défaillante aurait pu sonner le glas d'Apple si Steve Jobs n'avait pas repris les rênes en main.

Steve Jobs était le moteur qui maintenait Apple en marche à plein régime. Grâce à sa capacité à séduire le public et à promouvoir les produits de son entreprise, il a été le véritable architecte de l'image d'Apple telle que nous la connaissons aujourd'hui.

Une communication interne efficace au sein de votre entreprise est la clé du succès pour vos équipes et vos projets, favorisant l'épanouissement de chacun de ses membres. Cependant, la communication externe revêt une importance capitale pour l'image de votre entreprise. En tant que PDG, vous êtes le porte-parole de votre organisation. Aux yeux du public, vous incarnez l'entreprise toute entière. Ainsi, le moindre faux pas dans votre communication peut compromettre la réputation de toute votre entreprise. Une communication interne bien pensée garantira la création des meilleurs produits en termes de qualité et de service, tandis que l'art oratoire vous propulsera vers de nouveaux sommets, vous assurant les meilleures ventes et partenariats.

Livre (inspiré par le livre Steve Jobs)

La communication demeure l'une des compétences essentielles que vous devez cultiver tout au long de votre vie si vous aspirez à demeurer un grand dirigeant. Je vous recommande vivement de participer à un large éventail de formations et de séminaires portant sur cet art crucial. De plus, saisissez chaque occasion qui se présente pour prendre la parole en public. C'est en commettant des erreurs que vous progressez, donc ne craignez pas de vous exprimer.

Un entrepreneur est avant tout un excellent vendeur.

Tout au long du parcours entrepreneurial, l'art de la vente s'impose comme une compétence à perfectionner sans relâche. En effet, maîtriser cet aspect est la clé pour propulser son activité vers de nouveaux sommets. L'un des défis majeurs pour tout entrepreneur est d'augmenter son chiffre d'affaires année après année. Or, cette tâche devient de plus en plus complexe, voire impossible, sans une expertise affirmée en vente. En réalité, un entrepreneur qui ne sait ni vendre ni se présenter efficacement n'ira pas loin dans son entreprise. Ainsi, il est impératif de cultiver cette compétence au quotidien. Plus vous excellez dans l'art de la vente, plus vous transformez votre entreprise en une véritable machine à générer des profits. Il est donc crucial de considérer la vente, tout comme le leadership ou la communication, comme une compétence en constante évolution. Ne cessez jamais d'affiner vos aptitudes en vente, en explorant de nouvelles méthodes et stratégies de manière incessante.

Si vous éprouvez actuellement des difficultés à commercialiser et à communiquer efficacement, il peut être bénéfique de considérer une entreprise de marketing de réseau ou de marketing relationnel. Pourquoi ce choix ? Tout simplement parce que ces entreprises offrent une multitude d'avantages à ceux qui cherchent à améliorer leurs compétences en vente. En effet, leur modèle économique repose sur le succès collectif : plus votre réseau se développe, plus vos revenus augmentent, et ceux de votre parrain également. Ainsi, en rejoignant une telle entreprise, vous bénéficierez non seulement de formations en vente et en communication, mais aussi d'un accompagnement personnalisé de la part de vos leaders.

Au-delà des aspects financiers, l'enrichissement personnel que vous retirerez de cette expérience sera considérable. En effet, en excellant dans ce domaine, vous développerez des compétences essentielles telles que la capacité à vendre, à communiquer, à diriger une équipe, à devenir un leader. Ce sont là des compétences indispensables pour réussir dans le monde des affaires. Par conséquent, le choix de l'entreprise à rejoindre revêt une importance capitale. Opter pour la mauvaise entreprise pourrait certes vous permettre de générer des revenus, mais vous priverait des compétences fondamentales en vente et en communication. Avant de vous engager, il est donc crucial de mener des recherches approfondies pour choisir un réseau dont les produits ou services sont en phase avec vos valeurs et vos intérêts. De plus, renseignez-vous sur les leaders de ce réseau, car leur guidance sera précieuse pour votre développement. Enfin, étudiez attentivement leur plan de rémunération. N'oubliez pas que rejoindre ce réseau fait partie intégrante de votre plan visant à développer les compétences qui vous font défaut pour devenir un excellent vendeur et un communicateur efficace.

Nous vivons à l'ère de l'information, dans une période où la génération Z domine. Il est donc impératif d'adapter vos compétences en vente à cette nouvelle réalité, en mettant un accent particulier sur le digital. En d'autres termes, vous devez apprendre à vendre non seulement en personne, mais aussi en ligne. Près de 90 % de vos clients se trouvent sur le web, où ils recherchent des informations et des solutions. Ils passent également beaucoup de temps sur les réseaux sociaux, partageant leur quotidien et leurs préoccupations. Par conséquent, apprendre à élaborer des stratégies de communication efficaces, tant pour les moteurs de recherche que pour les réseaux sociaux, est indispensable pour réussir en tant que vendeur de nos jours. Commencez par définir votre public cible et identifiez les plateformes qu'il fréquente le plus. Analysez ensuite leur comportement d'achat et proposez-leur du contenu pertinent, en les guidant à travers votre entonnoir de vente pour tirer profit des réseaux sociaux et des moteurs de recherche.

En somme, pour gérer une entreprise de nos jours, il est nécessaire d'avoir dans son équipe un directeur marketing compétent, que ce soit vous-même ou un spécialiste en marketing bien formé. Toutefois, n'oubliez jamais que vous seul êtes en mesure de vendre, car vous connaissez votre entreprise, vos produits et vos services mieux que quiconque. Il vous incombe donc de fournir les informations essentielles à votre spécialiste marketing, afin qu'il puisse les intégrer dans la stratégie de communication. Enfin, rappelez-vous que malgré l'importance croissante du digital, l'aspect humain reste primordial. Profitez de la puissance de la communication à travers des conférences, des webinaires, afin d'établir des liens plus étroits avec vos prospects et vos futurs partenaires.

Trouver votre passion et booster votre motivation

Vous connaissez le proverbe : "Trouvez votre passion et vous n'aurez plus l'impression de travailler un seul jour de votre vie." Il résonne comme une vérité universelle, et pour cause : la passion constitue une clé essentielle à la réussite de la plupart des entrepreneurs. Elle agit tel un feu intérieur, vous incitant à escalader des montagnes, à vous dépasser malgré les obstacles inhérents à l'entrepreneuriat. Sans cette passion, notre motivation s'érode au fil du temps, perdant de sa vigueur. C'est pourquoi il est impératif de bâtir un empire en accord avec vos passions les plus profondes. Les entrepreneurs prospères continuent de s'investir corps et âme dans leur travail, bien qu'ils pourraient se contenter de jouir de leur immense fortune, simplement parce que ce qu'ils font les anime. Pour beaucoup d'entre eux, leur travail est leur passion. Renoncer à cela équivaudrait à abandonner toute raison de vivre pleinement. Et à quoi bon une vie sans passion ?

C'est cette passion qui a permis à des personnalités telles qu'Elon Musk de continuer à ériger des empires. Pourquoi donc est-il si important, pour quiconque ambitionne de créer sa propre entreprise, de placer la passion au cœur de ses réflexions ? La réponse réside dans le cours des événements. Désirer créer une entreprise est une chose, mais persévérer et travailler dur pour la faire éclore en est une autre. Et voici un secret bien gardé : les grandes réalisations demandent du temps et exigent une patience infinie avant de pouvoir récolter les fruits de ses efforts. Certains entrepreneurs ont dû attendre des années avant de voir leur entreprise prospérer. Mais parce qu'ils sont animés par une passion dévorante, ils trouvent en eux la force et le courage de persévérer, même lorsqu'ils ne récoltent aucun bénéfice tangible en retour. Leur motivation puise sa source dans le succès à long terme, mais c'est bien la passion qui alimente leur feu intérieur, les poussant toujours plus loin.

Vous pouvez nourrir un désir ardent de gravir les sommets de l'Himalaya, et même si vous êtes convaincu des bienfaits et de la magie que la nature vous réserve là-haut, sans l'énergie nécessaire pour atteindre le sommet, vous resterez au pied de la montagne. Voilà un exemple éclairant qui illustre à quel point il est crucial d'avoir un moteur, une essence vitale qui nous pousse à poursuivre nos objectifs avec détermination.

Cultiver la persévérance et la résilience

Avez-vous déjà découvert cette passion qui vous anime, l'idée brillante pour votre future entreprise, êtes-vous prêt à vous engager pleinement ? Maintenant, il est temps de persévérer dans cette voie que vous avez choisie. Souvenez-vous toujours que le chemin de l'entrepreneuriat n'est pas une route toute tracée, plane comme on pourrait l'imaginer. C'est un chemin semé d'embûches, de hauts et de bas. Chaque entrepreneur traverse des moments difficiles dans son parcours. Mais c'est en persévérant, en surmontant ces obstacles, que vous finirez par atteindre votre but. Vous devrez faire face à de nouveaux défis chaque jour et avoir le courage de les relever.

En choisissant la voie de l'entrepreneuriat, vous acceptez le fait que vous tomberez parfois, mais à chaque chute, ayez la force de vous relever et de continuer à avancer, peu importe les obstacles. Car ceux-ci peuvent prendre diverses formes et surgir à n'importe quel moment de votre parcours. Mais chaque fois que vous vous relèverez, vous deviendrez une personne plus sage et plus expérimentée. Les défis nous rendent plus sages lorsque nous les surmontons. Tant que vous maintiendrez cette perspective, vous atteindrez vos objectifs. Le chemin de l'entrepreneuriat est passionnant pour ceux qui aiment relever des défis. À chaque défi relevé, c'est un grand pas de plus vers votre objectif, un succès que vous devez toujours célébrer. Ne reportez pas la célébration jusqu'au jour où vous atteindrez vos objectifs ; rappelez-vous que vous êtes vivant, que vous vivez maintenant, et que votre travail et votre désir de réussir ne doivent pas vous empêcher de profiter de la vie aujourd'hui. Chaque pas, aussi petit, soit-il, mérite d'être célébré. Et chaque erreur de votre vie mérite votre résilience. N'abandonnez pas avant d'avoir réussi à accomplir ce que vous désirez le plus.

Je suis coutumier de dire que le moment idéal pour abandonner est lorsque nous avons atteint nos objectifs. L'une des citations les plus inspirantes que j'ai lues dans l'une des œuvres de Robert Kiyosaki est

: "Vous pouvez toujours abandonner à tout moment, alors pourquoi le faire maintenant ?" Cela souligne que si l'abandon est une option facile, je peux toujours repousser cette décision et continuer à avancer malgré tout.

CHAPITRE 4 : LA CREATION DE RICHESSE A TRAVERS L'INNOVATION ET L'ENTREPRENEURIAT

L'innovation comme catalyseur de la prospérité

L'innovation, facteur clé de la croissance des entreprises, est une compétence universellement reconnue par les leaders internationaux. Pour s'imposer sur le marché actuel, miser sur l'innovation est non seulement crucial mais indispensable. C'est cet ingrédient fondamental qui permet à une entreprise de se distinguer de ses concurrents, que ce soit par la qualité de ses produits ou par la pertinence de ses processus, allant du management des équipes au leadership. L'innovation ne se cantonne pas à un seul domaine, elle imprègne tous les aspects vitaux d'une entreprise, de la finance à la communication en passant par le marketing. Dans un monde en constante évolution, où de nouvelles entreprises voient le jour à chaque instant, faire de l'innovation son arme la plus puissante devient une nécessité impérieuse.

Pour innover avec succès, il est essentiel de cultiver un terreau fertile d'idées novatrices. Et rien ne vaut la contribution de l'ensemble de vos équipes dans cette démarche. Ne sous-estimez jamais la puissance de la réflexion collective. Encourager la génération d'idées nouvelles au sein de vos équipes devrait constituer une priorité. Pourquoi ne pas programmer des séances de brainstorming hebdomadaires de trente minutes ? Car il est avéré que plus vous aurez d'idées, plus vous aurez d'opportunités pour véritablement innover dans vos processus. Comme vous l'avez bien saisi, l'innovation ne se limite pas à la création de nouveaux produits ; elle s'étend également à la façon dont vous conduisez vos opérations au sein de votre entreprise, qu'il s'agisse de la fabrication ou de la conception de vos futurs produits, de l'élaboration de nouvelles stratégies de communication au sein de vos équipes, et bien d'autres aspects encore.

Une entreprise innovante requiert un dirigeant animé par une soif d'innovation, comme je l'ai exposé dans la section sur les différents types d'entrepreneurs. Cette aspiration doit irriguer chaque aspect de votre stratégie de gestion, de votre vision en tant que leader d'entreprise. Pour cela, restez constamment en quête de nouvelles informations, maintenez-vous informé des dernières tendances dans votre secteur d'activité. Par exemple, si votre entreprise opère dans le domaine du marketing digital, gardez une veille active sur les évolutions en la matière. Dans un monde en perpétuelle mutation, où les habitudes des consommateurs évoluent à une vitesse fulgurante, l'innovation demeure la clé de voûte pour la réussite d'une entreprise prospère.

Si vous portez un regard sur les réseaux sociaux aujourd'hui, vous constaterez une avalanche quotidienne de nouveautés visant à satisfaire les utilisateurs et à les inciter à prolonger leur temps de navigation. Les algorithmes évoluent également pour s'adapter aux habitudes de consommation en matière de contenu. Sans l'innovation dans les algorithmes de Facebook ou d'Instagram, les entreprises ne pourraient pleinement exploiter la puissance de la publicité. C'est grâce à cette innovation que LinkedIn demeure un outil indispensable pour toucher de nouveaux clients, et que les publicités sur Instagram et Facebook continuent d'offrir des résultats exceptionnels.

Nous pouvons également constater des progrès significatifs en matière de sécurité dans nos déplacements quotidiens, que ce soit en avion, en train ou en voiture. Les entreprises innovent continuellement pour développer des solutions répondant à des problématiques complexes telles que la géolocalisation, la sécurité aérienne et les transports routiers dans des zones urbaines densément peuplées. L'innovation a également permis le développement de services alimentés par l'intelligence artificielle, améliorant ainsi la productivité de nos activités, nous faisant gagner du temps et nous offrant des résultats exceptionnels.

L'entrepreneuriat comme voie vers la liberté financière

La liberté financière incarne la capacité exaltante de savourer la prospérité matérielle tout au long de sa vie, même lorsqu'on choisit de mettre fin au cycle incessant du travail. C'est l'état où vos actifs, judicieusement placés, peuvent non seulement couvrir vos dépenses habituelles, mais également subvenir à vos caprices les plus extravagants. C'est l'opportunité de façonner la vie dont vous avez toujours rêvé grâce à des ressources financières autonomes. Pour atteindre ce noble objectif, orientez vos efforts tout au long de votre parcours vers l'acquisition d'actifs capables de générer des revenus sans exiger votre labeur incessant.

Beaucoup de gens ont tendance à commettre une erreur regrettable en dépensant inconsidérément l'argent qu'ils ont gagné grâce à leurs efforts et à leur sueur. Chaque centime gagné en échange de votre temps devrait être manié de manière à fructifier plutôt qu'à s'évaporer. C'est pourquoi il est crucial de ne pas modifier vos habitudes de consommation en fonction de l'augmentation de vos revenus actifs. Au lieu de cela, ajustez vos stratégies d'investissement à mesure que votre salaire ou vos gains augmentent. Plus vous percevez d'argent en échange de votre temps, plus vous devriez investir dans la création d'actifs susceptibles de vous procurer un jour la liberté financière tant désirée.

Par exemple, consacrez une part de votre revenu à des formations sur la création d'entreprises ou à des séminaires sur l'investissement. Rien n'est plus précieux que l'investissement dans votre propre développement. Si vous avez un projet nécessitant des fonds, envisagez d'économiser une partie de vos gains actifs pour constituer un capital et donner vie à votre entreprise. En choisissant de vivre en dessous de vos moyens aujourd'hui pour investir dans votre avenir, vous récolterez bientôt les fruits de votre persévérance. Vous ne serez plus contraint de travailler comme aujourd'hui, car vous aurez des équipes travaillant pour vous, tandis que vos actifs généreront des revenus sans effort de votre part.

Les entreprises symbolisent le cœur battant du capitalisme moderne, orchestrant un ballet entre les actifs productifs et les biens et services convoités par les consommateurs. En faisant croître leur chiffre d'affaires, les entreprises créent un véritable flux de richesse, enrichissant à la fois les associés et les actionnaires. Si vous aspirez à la liberté financière, l'entrepreneuriat est une voie incontournable. Devenez un créateur plutôt qu'un simple consommateur. Que vous choisissiez de bâtir votre propre empire ou d'investir dans celui des autres, l'entrepreneuriat reste une clé incontournable vers la prospérité.

Créer une entreprise vous octroiera une précieuse expérience et une connaissance approfondie du fonctionnement des affaires. Vous serez ainsi en mesure d'évaluer judicieusement les opportunités d'investissement et de faire fructifier vos économies avec discernement. C'est cette expertise acquise qui vous ouvrira les portes de la liberté financière tant convoitée.

Stratégies pour l'innovation et l'entrepreneuriat

Développer un esprit d'innovation constitue le premier pas pour quiconque aspire à innover dans le domaine de l'entrepreneuriat. Tout comme tout autre état d'esprit, l'innovation représente une discipline qui peut être cultivée tout au long de la vie entrepreneuriale. Au fil du temps, plusieurs stratégies et méthodologies ont été élaborées, permettant à de nombreuses personnes de réveiller l'esprit d'innovation qui sommeille en elles.

Pour cultiver cette compétence fascinante, il est impératif de sortir de sa zone de confort, d'adopter une ouverture d'esprit et de nourrir une passion pour l'exploration d'idées en dehors de son domaine de prédilection. Par exemple, un médecin désireux de devenir un entrepreneur innovant pourrait envisager d'explorer au-delà du domaine médical, tout en restant réceptif aux opportunités qui se présentent. En tant qu'entrepreneur aspirant à diriger une entreprise prospère, il n'est pas nécessaire d'être un expert absolu du secteur dans lequel on souhaite se lancer. Cependant, il est toujours judicieux d'avoir accès à des conseils et à une expertise spécialisée dans le domaine. Innover comporte des risques, mais comme l'a un jour déclaré Steve Jobs : "Vous ferez des erreurs en innovant, mais vous devez avoir la capacité de passer à autre chose si cela se produit, et continuer à innover." Cela souligne l'importance de ne pas toujours se fixer sur la première idée qui vient à l'esprit.

L'une des approches les plus efficaces pour développer un esprit d'innovation consiste à faire preuve d'observation et d'analyse attentive de l'environnement qui nous entoure. Dans notre quotidien, nous remarquons souvent des aspects que nous souhaiterions améliorer, stimulés par l'idée que les choses pourraient être meilleures. Nous sommes tous confrontés à des problèmes pour lesquels nous aimerions trouver des solutions. C'est à ce moment que commence la réflexion. Par exemple, vous pouvez dresser une liste de toutes les frustrations que vous ressentez ou observez chez les personnes qui vous entourent, que ce soit dans votre domicile, sur votre lieu de travail, dans la circulation ou dans les espaces que vous fréquentez. Il est crucial de garder l'esprit ouvert face à notre environnement.

Une fois que vous avez dressé une liste des frustrations observées, il est temps d'identifier vos passions dans une autre colonne. Les idées liées à vos passions sont souvent les plus porteuses. Ne cherchez pas immédiatement à faire correspondre frustrations et passions, contentez-vous de les énumérer. Ensuite, dans une troisième colonne, recensez toutes les technologies et expertises dont vous disposez ou que vous connaissez. Vous disposez désormais d'un tableau répertoriant les frustrations, les passions et les compétences. Il est alors temps de chercher des correspondances entre une frustration, une passion et une expertise afin de générer des idées innovantes. Chaque idée ainsi obtenue visera à résoudre un problème identifié, sera en lien avec vos passions et vous permettra de mobiliser vos compétences spécifiques. N'hésitez pas à multiplier les associations d'idées, cette démarche peut être réalisée en collaboration avec votre équipe.

Ensuite, classez les idées par ordre de priorité en fonction de vos préférences, de l'impact qu'elles suscitent en vous et de leur complexité de réalisation. Enfin, concentrez-vous sur les trois meilleures idées sélectionnées. Il est alors temps de solliciter l'expertise spécialisée correspondante pour affiner davantage ces idées et en valider la faisabilité. Une fois validées, vous pourrez passer à l'élaboration d'un prototype ou d'un MVP (produit minimum viable) pour concrétiser votre projet innovant. Cette méthodologie, parmi d'autres, permet aux entreprises et aux entrepreneurs en particulier de partir d'une frustration et de la transformer en produit innovant.

L'impact social de l'entrepreneuriat

Un authentique entrepreneur se distingue par son influence profonde au sein de son environnement. Opter pour l'entrepreneuriat, c'est bien plus que rechercher la liberté et la prospérité dans sa vie, c'est aussi choisir d'être un acteur engagé au sein de sa communauté. Devenir entrepreneur offre avant tout la possibilité de créer des emplois, ce qui peut contribuer à abaisser le taux de chômage, produisant ainsi un effet notable à la fois sur l'économie et sur les individus en offrant des opportunités aux familles. C'est véritablement l'une des facettes les plus gratifiantes de l'entrepreneuriat : être reconnu pour sa contribution à son milieu. En embrassant cette voie, vous aspirez à devenir une source d'inspiration pour ceux qui vous entourent.

Contribuer à la société doit être au cœur de vos aspirations. À mes yeux, prospérer engendre une responsabilité sociale envers la société. Que vous soyez d'accord ou non, il est indéniable que c'est grâce au système capitaliste en place que vous avez pu atteindre votre niveau de prospérité actuel. En reconnaissance, il est crucial d'allouer une partie de vos ressources financières à des causes nobles.

Vous pourriez envisager de créer une fondation et de vous investir dans des actions philanthropiques, comme aider ceux qui sont dans le besoin. J'espère sincèrement que vous le ferez, car il viendra un moment où l'argent ne sera plus une préoccupation, et c'est à ce moment-là que nous devrions envisager de redonner à la société. Atteindre l'indépendance financière et mettre en place des systèmes générant des revenus à partir de vos propres ressources est une réalisation en soi, mais le véritable accomplissement réside dans la décision de mettre cette richesse au service de la collectivité.

Pour maintenir notre système au sommet, il est essentiel de cultiver cette mentalité dès le plus jeune âge. Que vous ayez 18 ou 25 ans, peu importe votre situation actuelle, apprendre à être un contributeur est essentiel. Même si 1 % de vos revenus vous semblent anodins, cela peut faire une grande différence dans l'amélioration du monde. Si chaque individu, qu'il soit entrepreneur, employé ou autre, donnait 1 % de ses revenus mensuels, nous disposerions de ressources suffisantes pour soutenir des causes nobles à l'échelle nationale, voire mondiale.

Si vous êtes parent, encouragez vos enfants dès leur plus jeune âge à adopter cette mentalité de contribution. Montrez-leur l'importance de partager leurs gains, car leur avenir dépendra de l'éducation qu'ils reçoivent de vous aujourd'hui, et non-demain. Et si vous êtes un adulte, il est grand temps d'agir positivement pour une fois dans votre vie. Si vous avez déjà atteint l'indépendance financière, investissez dans des projets d'entrepreneuriat social afin de consolider les fondements de notre société civilisée.

De nombreux organismes dans le monde encouragent l'entrepreneuriat social, tel qu'Enactus, pour ne citer que celui-ci. Si vous êtes encore étudiant, renseignez-vous sur ces programmes. Aujourd'hui, la plupart des établissements universitaires à travers le globe travaillent en partenariat avec Enactus pour inciter les jeunes à devenir entrepreneurs en mettant en place des initiatives à impact social considérable.

Vous avez la possibilité d'orienter vos investissements vers des projets qui présentent non seulement des avantages financiers, mais également un impact social. Ainsi, il n'est pas nécessaire d'attendre le succès avant de s'investir dans notre société. En optant pour des investissements dans des initiatives de développement durable, vous visez un profit à long terme tout en contribuant à un environnement plus sain. Comme vous le découvrirez, il existe de nombreuses façons de créer un impact social à travers l'entrepreneuriat.

Par exemple, si votre entreprise opère dans le domaine des énergies renouvelables, vous offrez à la société la possibilité d'utiliser une énergie durable. Votre engagement en tant qu'entrepreneur dans les énergies renouvelables représente un choix stratégique pour un avenir durable. Vous pouvez également opter pour l'utilisation de ressources durables dans vos opérations, ce qui contribue indirectement à rendre notre environnement plus accueillant.

BONUS: SOYEZ INSPIRES PAR CES OUVRAGES QUI ONT CHANGE MA VIE.

I. Livre 'Elon Musk : secrets d'une réussite insolente'

Ce livre dévoile les mystères qui ont propulsé les entreprises bâties par Musk dans le monde du succès. C'est l'histoire d'un enfant prodige, issu d'une famille à la fois sud-africaine et canadienne, naviguant dans les eaux tumultueuses de son passé pour ériger un empire selon ses propres règles. L'enfance d'Elon Musk fut semée d'embûches, marquée par une personnalité singulière qui le rendait la cible des moqueries de ses camarades. Cependant, c'est dans les pages des livres qu'il trouva refuge et inspiration, plongeant dans un univers de technologie futuriste et de science-fiction dès son plus jeune âge.

Depuis ses débuts, l'attraction d'Elon Musk pour la science-fiction et l'espace n'a jamais faibli. Ainsi, il n'est pas surprenant de le voir aujourd'hui à la tête d'entreprises telles que SpaceX ou Tesla, incarnations concrètes de ses rêves d'enfant. Surnommé l'entrepreneur innovateur, il défie les conventions et s'aventure là où d'autres hésitent, avec une détermination à toute épreuve. Songeons à l'époque où il céda PayPal pour des millions, pour investir aussitôt la totalité de ses gains dans des projets aussi ambitieux que visionnaires tels que SpaceX et Tesla, alors que beaucoup le considéraient comme un utopiste.

Aujourd'hui, bien que les nombreuses entreprises de Musk puissent donner l'impression d'une dispersion, elles convergent en réalité vers un seul objectif : rendre la planète mars habitable en cas de crise terrestre imminente, une conviction nourrie par les préoccupations environnementales et la détérioration de notre couche d'ozone. À travers des initiatives telles que le projet Hyper Loop et SpaceX, Musk cherche à révolutionner les transports et l'industrie spatiale, respectivement. Son désir de liberté d'expression transparaît également dans son acquisition de Twitter, motivée par le sentiment que cette plateforme restreint injustement la parole, comme l'a vécu son ami Donald Trump.

Le système Musk est un apprentissage perpétuel qui permet à Elon Musk d'absorber une quantité colossale d'informations en un laps de temps record. Convaincu que le risque et l'action rapide sont les clés de l'apprentissage et de la domination sur ses concurrents, il a démontré maintes fois la justesse de cette philosophie. Il souligne notamment que si son équipe chez PayPal avait suivi ses directives initiales, ils rivaliseraient aujourd'hui avec les banques.

Musk pratique également ce qu'il appelle le "Deep diving", une méthode d'apprentissage accéléré où il interroge ses subordonnés jusqu'à ce qu'il en maîtrise les subtilités. Un de ses collaborateurs a témoigné qu'après trente minutes d'interrogatoire intensif, Musk détient près de 80 % des connaissances de son interlocuteur. De plus, il accueille les critiques négatives comme un moyen d'améliorer la qualité de ses produits et services.

Le système de leadership instauré par Musk repose sur une pression constante qui incite chacun au sein de ses équipes à respecter des normes strictes. L'une des pratiques que j'admire particulièrement est sa tolérance envers ceux qui décident de quitter une réunion jugée sans intérêt, sans qu'ils n'aient pas à en rendre compte. Dans un monde où 30 % du temps est souvent consacré à des réunions stériles, cette approche permet d'optimiser le temps et de maximiser la productivité. Musk incarne cette philosophie jusqu'au moindre détail, car dans le monde des affaires, le temps équivaut à de l'argent. Si le patron lui-même ne prend pas une minute de répit, qui sommes-nous pour agir différemment ?

II. Quadrant du cashflow de Robert T. Kiyosaki

Le livre "Quadrant Cashflow" de Robert Kiyosaki explore les différentes voies par lesquelles les gens gagnent de l'argent et comment ces voies peuvent être catégorisées en quatre quadrants principaux. Ces quadrants sont les suivants :

1. **Employé (E)** : Les personnes qui travaillent pour quelqu'un d'autre et reçoivent un salaire fixe en échange de leur temps et de leurs compétences.

2. **Travailleur indépendant (S)** : Les travailleurs indépendants sont des personnes qui possèdent leur propre entreprise ou exercent une profession libérale. Ils peuvent gagner davantage de liberté et de flexibilité, mais leur revenu est souvent limité par le temps qu'ils peuvent consacrer à leur travail.

3. **Entrepreneur (B)** : Les entrepreneurs créent et possèdent des entreprises qui fonctionnent indépendamment d'eux-mêmes. Ils délèguent souvent les tâches opérationnelles et peuvent créer des flux de revenus passifs.

4. **Investisseur (I)** : Les investisseurs gagnent de l'argent en investissant dans des actifs tels que des actions, des obligations, des biens immobiliers, etc. Leur argent travaille pour eux et génère des revenus, souvent de manière passive.

Kiyosaki met en avant l'idée que la clé de la liberté financière est de passer des quadrants E et S aux quadrants B et I, où les revenus sont moins liés au temps et où les possibilités de croissance et de création de richesse sont plus importantes. Il encourage les lecteurs à développer leur éducation financière et à prendre des risques calculés pour accéder à ces quadrants supérieurs. Le livre offre également des conseils pratiques sur la gestion de l'argent, l'investissement et la création d'entreprises.

III. Développez votre intélligence financière : Faire plus avec votre argent. (Robert T. Kiyosaki)

Robert Kiyosaki explore en profondeur les principes fondamentaux de la gestion financière et de l'investissement. Voici un résumé des principaux thèmes abordés dans le livre :

Education financière : Kiyosaki insiste sur l'importance de l'éducation financière pour prendre des décisions éclairées en matière d'argent. Il souligne que l'école ne nous enseigne pas les compétences financières nécessaires pour réussir dans le monde réel, donc c'est à nous de rechercher activement cette éducation.

Actifs vs Passifs : L'un des concepts clés est la distinction entre les actifs et les passifs. Les actifs sont des éléments qui génèrent un revenu et augmentent votre richesse, comme les investissements, les entreprises ou l'immobilier. Les passifs, en revanche, sont des dépenses ou des éléments qui vous coûtent de l'argent, comme les voitures, les crédits à la consommation, etc.

L'importance de l'investissement : Kiyosaki souligne que l'investissement est essentiel pour créer de la richesse à long terme. Il encourage les lecteurs à investir dans des actifs qui génèrent des flux de trésorerie passifs, tels que l'immobilier locatif, les actions dividendes, etc.

Prendre des risques calculés : L'auteur encourage à prendre des risques calculés et à sortir de sa zone de confort pour atteindre ses objectifs financiers. Cela peut impliquer d'investir dans des entreprises, de démarrer sa propre entreprise ou d'explorer de nouvelles opportunités d'investissement.

L'importance de l'entrepreneuriat : Kiyosaki croit fermement en l'entrepreneuriat comme moyen de créer de la richesse et de la liberté financière. Il encourage les lecteurs à développer des compétences entrepreneuriales et à explorer des opportunités commerciales.

Penser différemment : Enfin, l'auteur encourage les lecteurs à remettre en question les croyances financières traditionnelles et à adopter une mentalité différente vis-à-vis de l'argent. Cela inclut la remise en question des conseils conventionnels sur l'épargne, l'endettement et la sécurité financière.

IV. L'homme le plus Riche du Babylone

L'Homme le plus riche de Babylone" est un livre classique de George S. Clason qui présente des principes financiers intemporels à travers des paraboles situées dans la ville antique de Babylone. Voici un résumé des principaux enseignements du livre :

Payer-vous d'abord : Le livre insiste sur l'importance d'économiser et d'investir une partie de ses revenus avant de dépenser le reste. Cette règle d'or financière est présentée comme l'une des clés pour accumuler de la richesse.

Faire travailler son argent : Clason souligne l'importance de faire fructifier son argent en investissant dans des projets rentables et sûrs. Il encourage les lecteurs à rechercher des opportunités d'investissement prudentes pour faire croître leur richesse.

Gérer ses finances avec sagesse : Le livre met en garde contre les pièges de la dette et de la dépense excessive, et encourage à gérer ses finances avec prudence et sagesse. Il souligne l'importance de vivre en dessous de ses moyens et de contrôler ses dépenses.

La valeur du travail acharné : "L'Homme le plus riche de Babylone" met en avant la valeur du travail acharné et de la persévérance dans la poursuite des objectifs financiers. Il encourage les lecteurs à travailler dur et à être déterminés dans la réalisation de leurs ambitions.

L'éducation financière : Clason souligne l'importance de l'éducation financière et de la recherche de connaissances sur la gestion de l'argent. Il encourage les lecteurs à apprendre les principes de la finance personnelle et à les appliquer dans leur vie quotidienne.

La générosité et la prospérité : Enfin, le livre explore le lien entre la générosité et la prospérité. Il souligne l'importance de partager sa richesse avec les autres et de cultiver des relations positives dans la communauté.

V. Le pouvoir Illimité 'Anthony Robbins'

Le Pouvoir Illimité" d'Anthony Robbins est un livre qui explore les principes et les techniques pour atteindre le succès personnel et professionnel, ainsi que pour améliorer sa qualité de vie. Voici un résumé des principaux thèmes abordés dans le livre :

Pensée et langage : Robbins explique comment nos pensées et notre langage affectent notre perception du monde et notre capacité à réussir. Il met en évidence l'importance de surveiller nos pensées et de les orienter de manière positive pour atteindre nos objectifs.

Émotions et états : L'auteur explore la façon dont nos émotions influencent nos actions et notre comportement. Il propose des techniques pour gérer efficacement nos émotions et changer nos états mentaux pour atteindre des états d'excellence et de motivation.

Le pouvoir de la visualisation : Robbins discute de l'importance de la visualisation dans la réalisation de nos objectifs. Il explique comment utiliser la visualisation créative pour programmer notre esprit vers le succès et la réussite.

Fixation d'objectifs : L'un des thèmes centraux du livre est l'importance de fixer des objectifs clairs et spécifiques. Robbins fournit des stratégies pour définir des objectifs motivants et élaborer des plans d'action pour les atteindre.

Communication efficace : L'auteur explore les principes de la communication efficace et de l'influence. Il propose des techniques pour améliorer nos compétences en communication verbale et non verbale, ainsi que pour influencer positivement les autres.

Gestion du temps : Robbins aborde également la gestion du temps et la productivité. Il offre des conseils pratiques pour organiser efficacement son temps, éliminer les distractions et maximiser sa productivité.

Développement personnel : Enfin, l'auteur encourage le développement personnel continu en mettant l'accent sur l'importance de l'apprentissage, de la croissance et de l'amélioration constante de soi.

VI. L'éveil de votre puissance interieur 'Anthony Robbins'

Le livre "L'Éveil de votre puissance intérieure" d'Anthony Robbins explore les principes fondamentaux du développement personnel et de la croissance personnelle. Voici un résumé des principaux thèmes abordés dans le livre :

La force du changement : Robbins met en avant le pouvoir du changement et de la transformation personnelle. Il encourage les lecteurs à reconnaître leur capacité à changer leur vie et à prendre le contrôle de leur destinée.

La maîtrise de l'esprit : L'auteur explore la façon dont nos pensées et nos croyances influencent notre réalité. Il propose des techniques pour maîtriser notre esprit, surmonter les pensées négatives et développer une mentalité positive.

La gestion des émotions : Robbins aborde l'importance de la gestion émotionnelle pour une vie équilibrée et épanouie. Il propose des stratégies pour gérer efficacement les émotions, surmonter la peur et cultiver la confiance en soi.

L'identification des objectifs : L'un des thèmes clés du livre est l'importance de définir des objectifs clairs et motivants. Robbins offre des conseils pratiques pour identifier ses objectifs, élaborer des plans d'action et persévérer face aux obstacles.

La communication efficace : L'auteur explore les principes de la communication efficace et de l'influence. Il propose des techniques pour améliorer la communication interpersonnelle, renforcer les relations et influencer positivement les autres.

La réalisation du potentiel : Enfin, Robbins encourage les lecteurs à réaliser leur plein potentiel en adoptant une approche proactive de la vie, en cultivant la gratitude et en recherchant la croissance personnelle continue.

VII. L'entreprise du 21 eme siècle (Robert T. Kiyosaki)

L'Entreprise du 21ème siècle" de Robert Kiyosaki explore les changements économiques et les nouvelles opportunités dans le monde des affaires du 21ème siècle. Voici un résumé des principaux thèmes abordés dans le livre :

L'évolution du paysage économique : Kiyosaki examine les tendances économiques mondiales et les changements dans le monde des affaires, y compris l'émergence de l'économie du savoir, l'importance croissante de la technologie et l'essor de l'entrepreneuriat.

Le pouvoir de l'entrepreneuriat : L'auteur met en avant l'entrepreneuriat comme un moyen clé pour prospérer dans l'économie moderne. Il encourage les lecteurs à prendre le contrôle de leur destinée financière en lançant leur propre entreprise et en recherchant des opportunités entrepreneuriales.

Le marketing relationnel : Kiyosaki explore le concept de marketing relationnel, également connu sous le nom de marketing de réseau ou MLM (marketing multiniveau). Il examine les avantages de ce modèle d'affaires, y compris la possibilité de créer des revenus résiduels et la flexibilité du travail indépendant.

La formation et le développement personnel : L'auteur souligne l'importance de la formation et du développement personnel pour réussir en affaires. Il encourage les entrepreneurs à investir dans leur éducation et à développer des compétences en leadership, en communication et en vente.

La création de richesse à long terme : Kiyosaki met l'accent sur la création de richesse à long terme plutôt que sur la simple recherche de revenus à court terme. Il encourage les lecteurs à adopter une vision à long terme de leurs finances et à rechercher des opportunités d'investissement qui génèrent des revenus passifs.

La liberté financière : Enfin, l'auteur explore le concept de liberté financière et la façon dont l'entrepreneuriat peut offrir aux individus la possibilité de créer leur propre sécurité financière et de réaliser leurs rêves.

VIII. L'effet cumulé : décuplez votre réussite

L'Effet Cumulé: Décuplez Votre Réussite" de Darren Hardy explore en détail le concept de l'effet cumulé et comment l'appliquer pour atteindre le succès dans tous les aspects de la vie. Voici un résumé des principaux enseignements du livre :

La puissance des petites actions quotidiennes : Hardy met en lumière l'importance de prendre des petites actions chaque jour dans la direction de vos objectifs. Même les actions les plus modestes, lorsqu'elles sont effectuées de manière cohérente, peuvent avoir un impact significatif à long terme.

La discipline et la régularité : L'auteur souligne l'importance de la discipline et de la régularité dans la poursuite de vos objectifs. Il explique comment maintenir une routine quotidienne peut aider à renforcer l'effet cumulé en garantissant que vous prenez des actions cohérentes vers vos objectifs chaque jour.

La gestion du temps et des priorités : Hardy aborde également la gestion du temps et l'importance de prioriser les tâches qui contribuent le plus à vos objectifs. Il propose des stratégies pour identifier et se concentrer sur les activités les plus importantes et les plus productives chaque jour.

La construction de bonnes habitudes : L'un des thèmes centraux du livre est la construction de bonnes habitudes qui soutiennent vos objectifs à long terme. Hardy explore comment identifier les habitudes qui vous rapprochent de votre succès et comment les intégrer dans votre vie quotidienne de manière durable.

La persévérance et la résilience : Enfin, l'auteur souligne l'importance de la persévérance et de la résilience face aux défis et aux revers. Il encourage les lecteurs à rester concentrés sur leurs objectifs et à surmonter les obstacles avec détermination et optimisme.

IX. L'homme qui vendit sa Ferrari

L'Homme Qui vendit sa Ferrari" est un livre de Robin Sharma qui raconte l'histoire de Julian Mantle, un avocat à succès qui réalise qu'il mène une vie vide de sens et épuisante sur le plan émotionnel. Après avoir subi une crise cardiaque en plein tribunal, Julian décide de vendre tous ses biens, y compris sa Ferrari, et de partir à la recherche du bonheur et du sens de la vie.

Voici un résumé des principaux enseignements du livre :

La quête du bonheur véritable : Julian Mantle entreprend un voyage spirituel à la recherche du bonheur véritable et du sens de la vie. Il réalise que le bonheur ne peut être trouvé dans la poursuite de la richesse matérielle et du succès extérieur, mais dans la recherche de la paix intérieure et du bien-être émotionnel.

Le pouvoir de la discipline et de la maîtrise de soi : Tout au long de son voyage, Julian apprend l'importance de la discipline et de la maîtrise de soi pour atteindre ses objectifs et surmonter les obstacles. Il découvre que la vraie liberté vient de la capacité à contrôler ses pensées, ses émotions et ses actions.

La valeur du lâcher-prise et de la simplicité : Julian réalise qu'il doit abandonner ses attachements matériels et simplifier sa vie pour trouver le bonheur et la paix intérieure. Il apprend à lâcher prise des choses qui ne lui apportent pas de joie véritable et à se concentrer sur ce qui est vraiment important dans la vie.

L'importance de la gratitude et de la pleine conscience : Au cours de son voyage, Julian découvre le pouvoir de la gratitude et de la pleine conscience pour cultiver la joie et l'épanouissement intérieur. Il apprend à apprécier les petites choses de la vie et à vivre dans le moment présent.

La recherche de l'équilibre et de l'harmonie : En fin de compte, Julian réalise que le bonheur véritable réside dans l'équilibre et l'harmonie entre tous les aspects de la vie, y compris le travail, la santé, les relations et le développement personnel.

VIII. Steve Jobs de Walter Isaacson

Le livre "Steve Jobs" de Walter Isaacson est une biographie exhaustive et captivante du célèbre entrepreneur et co-fondateur d'Apple Inc., Steve Jobs. Voici un résumé des principaux thèmes et enseignements du livre :

Vision et innovation : Isaacson explore la vision révolutionnaire de Steve Jobs et sa capacité à anticiper et à façonner l'avenir de l'industrie technologique. Jobs était connu pour sa capacité à innover et à créer des produits qui ont changé la façon dont nous utilisons la technologie au quotidien.

Perfectionnisme et exigence : Le livre met en lumière le perfectionnisme obsessionnel de Steve Jobs et son désir insatiable de qualité et de design esthétique. Jobs était réputé pour être exigeant envers lui-même et envers les autres, ce qui a parfois entraîné des tensions au sein de l'entreprise.

Leadership inspirant : Isaacson explore le style de leadership unique de Steve Jobs, caractérisé par son charisme, sa passion et son éthique de travail acharné. Jobs était connu pour inspirer et motiver son équipe à atteindre des niveaux d'excellence et d'innovation extraordinaires.

Relations personnelles et familiales : Le livre offre un aperçu des relations personnelles et familiales complexes de Steve Jobs. Isaacson explore les défis et les conflits auxquels Jobs a été confronté dans sa vie personnelle, ainsi que l'impact de ses choix sur sa famille et ses proches.

Échecs et rebondissements : En dépit de son immense succès, le livre met également en lumière les échecs et les revers que Steve Jobs a rencontrés tout au long de sa carrière. Isaacson explore comment Jobs a surmonté ces obstacles et a utilisé ses échecs comme des opportunités d'apprentissage et de croissance.

Héritage et influence : Enfin, le livre examine l'héritage durable de Steve Jobs et son impact sur l'industrie technologique et sur le monde dans son ensemble. Isaacson explore comment Jobs a façonné notre façon de communiquer, de travailler et de vivre à l'ère numérique.

BIBLIOGRAPHIE

1. Kiyosaki, Robert. Père riche, père pauvre. Plon, 1997.

2. Kiyosaki, Robert. L'Entreprise du 21ème siècle. Un Monde Différent, 2000.

3. Kiyosaki, Robert. Développer votre intelligence financière: Faire plus avec votre argent. Un Monde Différent, 2000.

4. Clason, George S. L'Homme le plus riche de Babylone. Belfond, 1926.

5. Hardy, Darren. L'Effet Cumulé: Décuplez Votre Réussite. Alisio, 2012.

6. Sharma, Robin. L'Homme Qui Voulait Être Heureux. Editions J'ai lu, 2012.

7. Isaacson, Walter. Steve Jobs. JC Lattès, 2011.

8. Robbins, Tony. *Pouvoir Illimité: Changez de vie avec la PNL*. Pocket, 1986.

9. Robbins, Tony. *L'Éveil de Votre Puissance Intérieure*. Pocket, 1992.

10. De Soussa Cardoso, Cyril. *Elon Musk: Les Secrets d'une Réussite Insolente*. Editions JC Lattès, 2016.

REMERCIEMENTS

Je tiens avant tout à exprimer ma plus profonde gratitude envers ma très chère amie Aissata Kane. Sans son soutien indéfectible, cet ouvrage n'aurait jamais vu le jour. Elle m'a encouragé à développer une passion pour la lecture, qui a été la source première de mon inspiration pour écrire ce livre. Son influence positive a grandement contribué à façonner la personne que je suis aujourd'hui.

Je souhaite également adresser mes sincères remerciements à Madame Aissata Cheick Kanté. Dès le début, son soutien constant m'a été inestimable. Je lui suis profondément reconnaissant pour le temps qu'elle a consacré à relire ce livre et pour ses remarques constructives, qui ont considérablement enrichi mes idées.

Enfin, je tiens à remercier toutes les personnes qui ont, de près ou de loin, contribué à la réussite de cet ouvrage. Les mots me manquent pour exprimer toute ma gratitude. Que Dieu vous bénisse.